AF523744

Unsere Wurzeln entdecken

Wie hat Ihnen das Buch gefallen?
Teilen Sie gern Ihre Meinung mit uns!

https://www.kamphausen.media/unsere-wurzeln-entdecken/t-9783899012019

Wolf-Dieter Storl:
Unsere Wurzeln entdecken

Konzeption & Interview: Dirk Grosser
Lektorat: Regina Rademächers,
Dirk Grosser
info@kamphausen.media

Umschlag und Satz:
Wilfried Klei
Foto: Björn Gaus (Autorenfoto),
Covermotiv: *prehistoric hunter* – cave painting reproduction
©rgbspace – fotolia.com
Druck & Verarbeitung:
CPI books GmbH, Leck

www.kamphausen.media

6. Auflage 2022

Bibliografische Information der Deutschen Nationalbibliothek
Die Deutsche Nationalbibliothek verzeichnet diese Publikation in der Deutschen Nationalbibliografie; detaillierte bibliografische Daten sind im Internet über **http://dnb.d-nb.de** abrufbar.

ISBN Printausgabe: 978-3-89901-201-9
ISBN E-Book: 978-3-89901-675-8

Wolf-Dieter Storl

Unsere Wurzeln entdecken

Ursprung und Weg des Menschen

Einführung

Dirk Grosser vom Aurum-Verlag fragte mich, ob ich bereit wäre ein Interviewbuch zum Thema Wurzeln der Menschheit, der Kulturen und der Bedeutung der Naturvölker mit ihm zu machen. Da ich ihn als einen sehr offenen, mitfühlenden Menschen kennengelernt hatte, der sehr an philosophischen Themen interessiert ist, sagte ich gerne zu. Ich war mir sicher, dass es ein interessantes Projekt sein würde. In den letzten Jahrzehnten habe ich mich zwar mit Wurzeln befasst, aber es waren vor allem Wurzeln der Heilpflanzen und der Pflanzenheilkunde. Die Beschäftigung mit den Wurzeln der Menschheit, mit der Urgeschichte, den Vormenschen, Prähominiden und Primaten liegt weiter zurück. Ich hatte ja einst das Fach Anthropologie studiert und anschließend gelehrt, aber das scheint mir heute wie ein vergangenes Leben. Da musste ich tief in der Erinnerung graben. Als Anthropologiestudenten mussten wir damals sämtliche Fundorte und sämtliche Knochen- und Steinwerkzeugfunde auswendig lernen und aus dem Gedächtnis hervorrufen können. Das war etwa wie ein Telefonbuch auswendig lernen müssen. Davon ist aber wenig hängen geblieben. Nach dem Grundstudium wurde ich Assistent bei Prof. Luanna Pettay, Paläoanthropologin an der Kent State University in Nordost-Ohio. Ihr Spezialgebiet waren die Neandertaler. Sie schien diese Urmenschen aus der Mittelaltsteinzeit (Mittelpaläolithikum) richtig zu lieben. Ihre Hypothese war, dass Neandertaler keine gesonderte Art der Gattung Homo waren, sondern lediglich eine fortgeschrittene, an die klimatischen Bedingungen der Eiszeit und Zwischeneiszeit bestens angepasste Rasse war. Sie waren physisch kompakt, wie etwa die Inuit heutzutage; ihre dicken Augenwülste waren nicht äffisch, sondern schützten Gesicht und Augen vor Kälte. Sie war überzeugt, dass ihre materielle Grundausstattung zwar einfach war, aber dass sie – ähnlich den australischen Ureinwohnern – eine hoch entwickelte Geisteskultur hatten. Neandertaler hatten ja ein Hirnvolumen (1200-1750 cm^2), welches dasjenige der nachfolgenden Cro-Magnon Menschen (1100-1400 cm^2) deutlich übertraf. Die Letzteren, eine aggressive „Killer-Rasse" aus Nordafrika, habe die friedlicheren Neandertaler dann nach der Eiszeit verdrängt und teilweise absorbiert. Prof. Pettay war selber recht menschenscheu, sie litt an dem Konkurrenzgeist der innerhalb der Fakultät herrschte. Sie fühlte sich wohler mit ihren fünf Weimaraner Hunden als mit ihren Kollegen. Ich vermute, sie sah sich selber als sensible Neandertalerin unter lauter aggressiven Cro-Magnon.

Die Anthropologie zu jener Zeit glaubte sich im Besitz gesicherter unumstößlicher wissenschaftlicher Daten, was die Evolution der Menschen betraf. Nach damaliger Erkenntnis hatte es vier Eiszeiten in den letzten Millionen Jahren, im Pleistozän, gegeben. Zu Beginn der Eiszeitperioden gab es, was Vor- oder Frühmenschen (Hominide) betrifft, lediglich die Australopithecinen im tropischen Afrika. Diese „Südaffen" mit einem Hirnvolumen nicht viel größer als die der Menschenaffen benutzten primitive Geröllsteine als Werkzeuge. Dann kam die erste Kaltzeit (Günz-Glazial). Dieser weltweite Klimawandel übte, im darwinistischen Sinn, erheblichen Selektionsdruck auf die Australopithecinen aus. Mutationen brachten eine weiter entwickelte Art hervor, nämlich den Pithecanthropoiden (Homo erectus), mit größerem Hirnvolumen und besseren Steinwerkzeugen. Eine weitere Eiszeit (Mindel-Glazial) bedeutete abermals starken Selektionsdruck. Homo erectus – Hirnvolumen 1200cm^2 –, entwarf bessere zweiseitige Faustkeile, zähmte das Feuer. Nach der nächsten Eiszeit (Riss-Glazial) wieder eine evolutionäre Weiterentwicklung: Voilà, der Neandertaler! Und die letzte Eiszeit bescherte uns den Homo sapiens, den „weisen Menschen". Fortschritt in vier Stufen. So stellte man sich die Evolution – hier stark simplifiziert dargestellt – vor.

Ein wunderbar schlüssiges Gedankengebäude war das, belegt durch (ein paar spärliche) Funde an Zähnen, Schädelresten, Knochen und Feuersteinsplittern. Wie so oft in der Wissenschaft zeigten sich Risse in dem schönen Gebäude: In der ostafrikanischen Olduvai Schlucht entdeckten Mary und Louis Leakey Reste von Hominiden, die auf etwa drei Millionen Jahre datiert wurden und jede bisherige Vorstellung des Alters der Urmenschen sprengten. Prof. Pettay konnte sich nicht entscheiden, ob die Datierung falsch war oder ob es doch stimmen könnte. Inzwischen rücken neue Entdeckungen den Ursprung der Menschen immer weiter zurück, und offensichtlich hat es nicht nur vier Eiszeiten gegeben.

Was den Neandertaler betrifft, da herrscht zurzeit wenig Einstimmigkeit in der Wissenschaftsgemeinde. Aufgrund von DNA-Analysen wird behauptet, der Neandertaler sei eine inzwischen ausgestorbene, vom modernen Menschen zu unterscheidende Art. Das genetische Material sei zu unterschiedlich. Wer weiß? Vervielfältigung von DNA ist eine delikate, fehleranfällige Angelegenheit – Bakterien, Pilze, Nagetiere, Schweiß,

Speichel können die Resultate leicht verfälschen. Man sah es an den Analysen ägyptischer Mumien. Da wurden Mikrospuren von Coca und Nikotin gefunden, was die Möglichkeit von Kontakten der pharaonischen Ägypter mit präkolumbianischen amerikanischen Kulturen ins Gespräch brachte. Wahrscheinlicher ist, dass die Spuren von unvorsichtigen, koksenden, Zigaretten paffenden Archäologen stammen. Andere DNA-Analysen von Neandertal-Material lassen keinen Zweifel, dass diese Frühеuropäer lediglich ein an die Kälte angepasster Seitenzweig der Menschen waren und dass sie in unseren Genen weiterleben. Diesen Analysen zufolge ist der genetische Unterschied nicht größer als derjenige zwischen den heutigen Nordeuropäern und Westafrikanern.

Einige Jahre nach der Zeit an der Kent State University – was mir im Nachhinein wie ein anderes Leben vorkommt – stieß ich auf die Lehren Rudolf Steiners. Es geschah im Zusammenhang mit einer Feldforschung, die ich in einer anthroposophisch orientierten Kommune im Kanton Genf unternahm. Auch Steiner und die Anthroposophen interessieren sich für die Menschheitsentwicklung. Bei ihnen geht es aber in die andere Richtung. Ihnen zufolge hat sich der Mensch nicht durch zufällige Mutationen im Laufe der Äonen aus einer materiellen Ursuppe entwickelt, sondern der Menschengeist, der geistige Archetypus, hat sich im Laufe der Evolution immer mehr in der Materie verkörpert. Menschheitsentwicklung und Evolution überhaupt ist die Geschichte der fortschreitenden Verkörperung geistiger Urbilder. Das ist natürlich ein ganz anderer Ansatz als den, den ich kannte, und da er folgerichtig durchdacht ist, konnte ich ihn nicht einfach beiseite wischen. Der Mensch hat einen geistig-göttlichen Ursprung, er trägt als Mikrokosmos den gesamten Kosmos, die ganze Schöpfung in Miniatur in sich und in der Gestalt des Christus wurde die Verkörperung vollständig. Christus ist sozusagen der erste voll verkörperte Mensch. Das musste ich erst einmal verdauen. Zehn Jahre hat der Verdauungsprozess gedauert. Steiner öffnete eines der Tore, die mich aus einem, vom positivistisch naturwissenschaftlichen Paradigma geprägten Raum in eine neue Sichtweise herausführten. Es folgten weitere Tore: Indien mit seiner alles durchdringenden Spiritualität und seinen Sadhus, die die Kraft haben, die Götter sichtbar erscheinen zu lassen; die Cheyenne-Indianer und ihre Medizinleute, für die jeder Stein, jede Wolke, jeder Fluss, jede Pflanze, jedes Tier beseelt und ansprechbar ist; der Bauernphilosoph Arthur Hermes, für den die Erde eine Mutter und die Sonne der kosmische Christus ist. Diese Tore führten mich hinaus aus der engen Welt des $E=MC^2$, der angsterfüllten Existenzphilosophie oder des Glaubens an einen abstrakten Gott, der, wenn es ihn überhaupt gibt, jenseits der Schöpfung lebt.

Kapitel 1:
Wann ist der Mensch ein Mensch?

Wann kann man zum ersten Mal von einem Menschen sprechen?

Es scheint, dass der Mensch sich zum ersten Mal als Mensch zeigte, als er das Feuer entdeckte und die Sprache entwickelte. Denn das unterscheidet ihn von anderen Tieren. Alle Tiere haben Angst vor dem Feuer, und Tiere sprechen nicht wie wir, wenigstens nicht auf dieser Ebene, auf der wir uns befinden. Tiere geben einander Signale, Zeichen, die immer auf das Hier und Jetzt und auf die Gegenwart bezogen sind. Aber wir können heraustreten aus dem Hier und Jetzt und können Bezug nehmen auf Vergangenheit und Zukunft.

Wie unterscheidet sich der Mensch von anderen Hominiden?

Ich denke, es ist ein gradueller Unterschied. Die frühen Hominiden werden Steine oder Stöcke aufgehoben und als Werkzeug benutzt haben, so wie es Schimpansen und andere Primaten auch tun. Sie werden auch ein kompliziertes System von Signalen gehabt und zum Teil auch über Gestik und Mimik kommuniziert haben. Aber es muss irgendwann ein Zeitpunkt gekommen sein, an dem irgendeiner der Hominiden, vielleicht ein Australopithecus oder Homo erectus, das Feuer nutzen, z.B. einen brennenden Ast greifen und sich selbst herausnehmen konnte aus dem direkten Bezug zu seiner Umwelt. Mein Eindruck ist, dass das damit zu tun hat, dass bei den Menschen der kindliche Spieltrieb vorhanden war. Sie konnten spielerisch mit einem Feuer umgehen. Bei Tieren ist es auch so, dass die Jungtiere oft sehr verspielt sind, bis sie dann älter werden und ihr Verhalten zum großen Teil durch Instinkte geführt wird. Aber beim Menschen wird der Spieltrieb beibehalten. Überhaupt ist der Mensch, oder sind die Hominiden, ein Leben lang wie Jungtiere. Wir haben ja auch keine nennenswerte Körperbehaarung – und wenn man Affen beobachtet, sehen die Jungaffen viel menschlicher aus als die Altaffen. Und wir haben nicht nur physisch die Charakteristika von Jungtieren behalten, sondern auch in unserem Verhalten. In uns ist eine ständige Neugierde. Und irgendwann – für mich ist das so wie ein Blitzschlag des Bewusstseins – hat irgendein Primat die Furcht überwunden und das Feuer greifen können. Das ist wie das Überschreiten einer Schwelle, ein Übergang zu einer neuen Seins-Weise.

Ich stelle mir das so vor wie die Annäherung an ein seltsames Tier. Das Feuer erschien vielleicht wie ein Tier, das auch beißt, wenn man ihm zu nahe kommt. Und dem sich vorsichtig aber mit Neugierde angenähert wird. Und dann merkt man, dass man etwas damit tun kann.

Ja, genauso muss man sich das vorstellen.

Warum sind die Hominiden überhaupt von den Bäumen herabgestiegen? Die anatomische Umstellung vom Klettern auf Bäumen zum aufrechten Gang ist doch enorm. Wie ist das vonstatten gegangen und was hat die Hominiden dazu gebracht, das zu tun?

Die Wälder im Miozän, die ausgedehnten tropischen Wälder, in denen diese Primaten lebten, schrumpften, und es kam zu einer Art Konkurrenz, wer in den schönen Bäumen bleiben konnte und wer nicht. Die Schwächeren mussten ihre Plätze räumen und sich mehr oder weniger auf die

Erde begeben. Es gibt ja Übergangsformen in den Fossilien: Man sieht, dass bei den ganz frühen Prähominiden die Zehen noch viel beweglicher waren, noch viel besser greifen konnten. Die sind zwar immer wieder in die Bäume geklettert, waren aber mehr am Erdboden, denn sie waren eigentlich die Verlierer des Wettbewerbs um die Bäume. Nun muss man sehen, dass die Hominiden, oder die Vorfahren von Menschen und Menschenaffen, eine Voranpassung, eine Präadaption zum aufrechten Gang hatten. Denn sie sind ja nicht wie Eichhörnchen kopfüber geklettert, sondern sie sind aufrecht durch die Bäume geklettert, in einer senkrechten Körperposition. Dann waren sie noch nicht so weit entwickelt wie die Ponginae und die Gorillas und Orang-Utans, dass sie diese überlangen Arme für das Hangeln hatten. Das Aufrechte war also schon ein bisschen vorgegeben. Und das hat ihnen natürlich auch gewisse Vorteile gebracht. Sie konnten besser über die Savanne blicken und mit ihren frei gewordenen Händen konnten die Jungen getragen und Stöcke, Steine oder Nahrungsmittel aufgehoben werden. Das gab ihnen einen Überlebensvorteil. Diese frühen Hominiden haben sich nicht zu dieser Lebensweise entschieden, sie wurden aus dem Urparadies, den Früchte tragenden Bäumen, herausgedrängt.

Es hängt sehr viel von unseren fünf Fingern ab, unserem Greifwerkzeug. Hände sind nicht spezialisiert, anders als die Gliedmaßen der meisten Tiere. Pferde sind z. B. extrem spezialisiert, sie laufen im übertragenen Sinn nur auf den Mittelfingern. Und wir haben unsere Flexibilität in der Entwicklung beibehalten. Wir sind in den Wäldern zu Menschen geworden, wir sind Kinder der Wälder. Wir haben dort etwas entwickelt, was uns heute noch zugute kommt und das ist die direkte Verbindung von Sehen und Handeln. Wir be-greifen tatsächlich die Welt. Und wer von einem Ast zum anderen sprang und nicht richtig be-griff, der konnte sich nicht im Erbstrom verankern. Es gab eine extreme Selektion in Richtung Hand-Auge-Verbindung, was Vorbedingung war für die Werkzeugherstellung. Auch das Farbsehen ist uns in den Wäldern zugute gekommen, denn nicht jedes Tier sieht in Farben. In einem dichten Blätterwald mit verschiedenen grünen Schattierungen, da leuchten Früchte rot oder gelb oder orange hervor, und dann wird das Farbsehen ein großer Vorteil. Das scheint mir bis zur heutigen Zeit nachzuwirken. Wenn die Ampel grün zeigt, fahren wir weiter. Zeigt sie rot, bleiben wir stehen. Das sind Reste unserer Wurzeln, die uns in unserer Biologie und in der Anpassung an die Umwelt, auf dem Weg zum Menschsein, geholfen haben.

Die Hand-Augen-Koordination und das Farbsehen haben ja mit unserem Gehirn zu tun, wo die Informationen verarbeitet werden. Und je entwickelter ein Gehirn, desto entwickelter die Fähigkeiten.

Ich habe gehört, dass durch die Aufnahme von Fleisch in die Ernährung, durch eine erhöhte Proteinzufuhr, das Gehirn wachsen konnte und wir dadurch mehr Möglichkeiten bekamen. Kann man also sagen, dass die Jagd oder das Verteidigen von Aas den Menschen zum Menschen gemacht hat?

Auch, ja. Das Hirn verbraucht ja am meisten Energie von allem, vom ganzen Körper. Was phänomenal war, ist die Zunahme der Hirnkapazität, in Kubikzentimetern gemessen. Wie viel ist das beim Schimpansen oder beim Menschenaffen? So um die 350 Kubikzentimeter.

Beim Australopithecinen waren es vielleicht 500. Beim frühen Homo habilis – Homo habilis wegen seiner Fähigkeit, Werkzeuge zu erstellen – bis zu 800 Kubikzentimeter. Beim Homo erectus, der ja wirklich schon als Mensch gelten kann, waren es so um die 1000 bis 1200 Kubikzentimeter. Eine Evolution, die sehr schnell ging. Dann der Mensch der Mittelsteinzeit, der Neandertaler, der hatte eine Gehirnkapazität zwischen 1300 und 1750. Der überschreitet schon die Gehirnkapazität des modernen Homo sapiens. Wir sehen hier eine Entwicklung innerhalb von ca. zwei Millionen Jahren, wie eine Explosion, eine pilzartige Explosion des Hirns. Es gibt Anthropologen, die meinen, dass diese Protein- oder Eiweißzufuhr sehr wichtig war, um diese Entwicklung zu unterstützen. Die Eiweißaufnahme hat sicher mit Beginn der Jagd zugenommen, das ist klar, und besonders als dann Frühmenschen in die nördlicheren Bereiche kamen, spielte die Jagd eine größere Rolle. Aber Eiweißquellen waren immer wichtig: Insekten, Käfer und Larven wurden vorher schon gegessen und man sieht ja auch, dass Schimpansen ab und zu auf die Jagd gehen. Schimpansen jagen sogar Paviane, fressen manchmal Fleisch. Also es ist nicht so, dass die Hominiden plötzlich anfingen, Fleisch zu fressen, es hat sich nur gesteigert. Unser Gebiss ist das eines Allesfressers. Der Mensch ist nicht exklusiv ein Früchtefresser, so wie viele Affenarten, sondern er ist ein Allesfresser, bis zum heutigen Tag.

Dieses größere Gehirn befähigt uns zu größeren Denkleistungen. Die Werkzeugherstellung hast du schon erwähnt, aber auch die Wissensvermittlung an andere Mitglieder der Gruppe oder an die nächste Generation, die Organisation der Gruppe, inklusive Arbeitsteilung.

Was genau bot denn wohl den entscheidenden evolutionären Vorteil?

Ich denke, eigentlich all das. Zum Teil die Kooperation der Gruppe, die ja immer miteinander kommunizieren muss. Dann die Werkzeuge oder vielmehr die Werkzeugtradition. Das heißt, die Jüngeren oder auch andere Mitglieder der Gruppe begreifen oder sehen und ahmen die Form nach. Die Steinwerkzeug-Technik der meisten Homo erecti ist über Jahrhunderttausende mit nur kleinen Änderungen beibehalten worden. Das sind Traditionen. Aber vielleicht sollte man das nicht so überbewerten, denn viele Dinge wurden gar nicht erfunden. Die Pflanzenkunde wurde nicht erfunden, sondern die Tiere wissen instinktiv, durch ihre Nase, durch guten oder schlechten Geruch, ob etwas bekömmlich ist oder nicht, oder ob etwas für sie heilend wirkt.

Bei manchen Schimpansengruppen haben sich richtige Heilkräuter-Traditionen entwickelt, die andere Schimpansengruppen nicht haben. Darauf haben Jane Goodall, Richard Wrangham und andere Schimpansenforscher hingewiesen. Da kommen die Schimpansen und füttern ihre Jungen mit irgendeinem Kraut, oder sie geben ein bitteres Blatt, und die Kleinen mögen das überhaupt nicht und sträuben sich, so wie wenn man einem Kind Lebertran geben würde. Das wurde dann untersucht und es wurde festgestellt, dass dieses bestimmte Kraut z. B. gegen Darmparasiten wirkt, die nur zu einer ganz gewissen Zeit im Jahr auftreten, beispielsweise nach oder während der Regenzeit. Die Schimpansen gehen weite Strecken, suchen dieses Kraut, rollen es zusammen, würgen es herunter und schlucken es. Sie bringen es ihren Kindern und zwingen diese es ebenfalls zu schlucken. Und das ist gelerntes Verhalten. Das ist Wissen, das von einer Generation an die andere weitergegeben wird, das ist eine Tradition, die nicht in allen Schimpansengruppen praktiziert wird.

Ich bin nicht einer, der gerne schwarz-weiß denkt, der immer weiter abgrenzt. Übergänge in der Evolution sind fließend, aber im Fall des Feuers scheint es wie ein plötzliches Satori-Erlebnis gewesen zu sein. Aber sonst ist der Übergang vom Tier zum Mensch ein relativ gradueller, und oft verhalten wir uns immer noch wie Tiere.

Also würdest du sagen, dass eigentlich der gesamte Komplex des Lernens den Vorteil bot, dass wir uns weiterentwickeln konnten ...

Ja, jedes Tier hat in der Evolution seine Nische gefunden und hat sich dann spezialisiert. Bei den Hominiden ist die Spezialisierung nicht so streng. Aber dennoch war der Fokus der Evolution bei den Menschen eben das Gehirn. Kein Tier hat so einen großen Kopf, kein Tier braucht so einen großen Kopf. Die meisten Tiere müssen nicht so viel denken, weil der Instinkt sie leitet. Ich sehe das bei den Hunden, die brauchen nicht zu denken. Sie schnuppern in die Luft, und da ist zwei Kilometer weiter eine läufige Hündin, und sie folgen ihrer Nase.

Ich glaube, das tun Menschen auch. Sie denken bloß, dass sie denken würden ... Gerade im Bereich der Sexualität sind wir viel animalischer, als wir uns eingestehen wollen.

Ja, aber bei uns ist das zum Teil sehr überlagert vom Denken. Wie mein Vater sagte: „Je gelehrter, desto verkehrter." Einige versuchen, alles mit Denken zu bewältigen und verlieren dann den Bezug zu ihren Instinkten. Obwohl manch einer behauptet, der Mensch sei allein ein kulturelles Wesen und habe keine Instinkte. Ich denke, das ist übertrieben. Wir haben rudimentär noch sehr viele Instinkte, wie z. B. den Geruchssinn, der uns vieles sagen kann. Wir sprechen ja tatsächlich davon, dass man jemanden nicht riechen kann. An einem wohlriechenden Ort fühlen wir uns gut, und Dämonen und Teufel, die stinken.

Die Entwicklung des Menschen führte vermutlich über die Hauptstufen Ardipithecus ramidus, Australopithecus afarensis, Homo rudolfensis, Homo habilis und Homo ergaster bzw. Homo erectus und schließlich zu Homo sapiens. Warum ist der Homo sapiens die einzige Art, die diese Entwicklung überlebt hat?

Das klingt sehr präzise, als ob es diese Stadien tatsächlich gegeben habe. Es kommt darauf an, mit welchen Anthropologen man spricht und welche Theorien sie vertreten. Bei jeder Klassifikation gibt es Zusammenfüger und Spalter, also Einige, die verschiedene Arten oder verschiedene Erscheinungen zusammenfügen und das dann als eine Art bezeichnen und Andere, die viele Unterteilungen vornehmen, alles aufspalten. Ganz allgemein kann man sagen, dass die Reihenfolge über Australopithecus, das ist der „südliche Affe“, führte, über den Homo habilis bis hin zu Homo erectus, und dann geht es zu Homo sapiens und als Zwischenart wird dann oft der Neandertaler bezeichnet, was ich allerdings nicht so sehe. Für mich ist der Neandertaler keine Zwischenart, für mich ist der Neandertaler auch nicht ausgestorben. Über die menschliche Evolution gibt es sehr viele unterschiedliche Ansichten. Wir finden natürlich viele Knochen und Gerätschaften und immer mehr werfen viele neue Dinge, die wir finden, neue Rätsel auf. Auch genetische Untersuchungen von Überresten führen dazu, dass diese Theorien immer wieder verworfen werden. Aber so eindeutig klar ist das alles nicht. Das ist nicht eine so exakte Wissenschaft wie, sagen wir mal, die Chemie oder die konventionelle Physik.

Wir haben die Idee einer stufenweisen Abfolge, aber so ist Evolution nicht. Es gibt Übergänge, sehr schnelle Entwicklungssprünge, und es gibt genauso Eigenschaften, die sich erhalten. Der sogenannte Peking-Mensch hatte schon vor 300.000 Jahren schaufelförmige Schneidezähne. Im indonesischen Raum gibt es bei der heutigen Bevölkerung Merkmale, die eigentlich nur einem angeblich ausgestorbenen Urmenschen zugesprochen werden.

Ich bin nicht wirklich überzeugt von dem Phänomen des kompletten Aussterbens frühmenschlicher Formen.

Wir haben wirklich nicht genügend Funde, und da sind so viele Lücken und so viele Möglichkeiten, dass es sehr einfach ist, gegenwärtige Überzeugungen oder Weltbilder dort hineinzuprojizieren.

Es gibt also auch in der Anthropologie Theorien, die von unseren kulturellen Vorurteilen bestimmt werden?

Der erste Neandertaler wurde 1856 gefunden. Damals sagten die sogenannten Experten, das sei sicherlich ein ungewöhnlicher kranker Mensch, ein moderner Mensch, vielleicht ein Kosake aus den Kriegen Napoleons. Ein Experte behauptete, es sei ein rachitischer Typ, man sähe ihm an, dass er in kalten, zugigen Hütten gelebt und nur Kartoffeln gegessen habe. Und dann später, als der Darwinismus seinen Aufschwung erlebte, da hat man dann die Hoffnung gehabt, dass dieser Fund, als so genanntes „Zwischenglied“ oder *missing link* die Evolution beweist.

Darwin sagte ja, wir hätten unsere Wurzeln in den Primaten, in den Affen. Deshalb wurde, als dann erkannt wurde, dass der Neandertaler vielleicht doch archaisch ist, dieser sehr äffisch rekonstruiert. Marcellin Boule, ein großer Rekonstrukteur von fossilen Funden, hat dann den Neandertaler so rekonstruiert, dass er aussah, als laufe er gebückt. Das Gesicht wurde sehr äffisch gestaltet, denn das passte in das ideologische Schema der Evolution. Die Entwicklung musste vom Affen bis hin zum modernen Menschen führen.

Der Homo sapiens wurde dann aufrecht und edel dargestellt und der Neandertaler gebückt und primitiv. Er habe keine Sprache besessen und kein Feuer, er habe nur Grunzlaute von sich gegeben. Er habe eine platte Nase gehabt, wie die „zurückgebliebenen Rassen in den Tropen" ... Die ganzen Vorurteile dieser Zeit kommen in diesen Theorien zutage. Aus diesem Grund bin ich sehr, sehr skeptisch, was „wissenschaftliche Aussagen" angeht.

Unsere materialistische Weltanschauung projizieren wir auch in die Urzeit. Und genau deshalb haben wir auch Bilder vom dumpfen, groben Neandertaler und was nicht alles. Aber das ist eben nicht so. Da nimmt man nur die Höhlengemälde, die man in den Pyrenäen, in der Höhle von Altamira, gefunden hat, als Beispiel. 1868 war das, da wurden zufällig diese wunderschönen Wandbilder gefunden. Da hieß es zunächst, das kann nicht alt sein, denn die Urmenschen waren so primitiv, die können ja nicht so etwas malen. Wenn es nur primitive Kritzeleien gewesen wären, dann hätte man es akzeptiert. Und erst mehr als zwanzig Jahre später hat man erkannt, dass es sich dabei tatsächlich um ein Zeugnis aus der Eiszeit oder Späteiszeit, der Magdalénien-Kultur, handelt.

Das Bild von dem primitiven Neandertaler scheint nicht zuzutreffen, genauso wenig wie das Bild von den Rassen, das man damals zur viktorianisch-wilhelminischen Zeit hatte. Die Menschheit wurde aufgeteilt in eine Hierarchie von drei Stufen: Wilde, Barbaren und Zivilisierte. Das predigte die offizielle Wissenschaft. Als ganz wild und primitiv galten die auf der untersten Stufe, die australischen Ureinwohner. Die hatten ja kaum eine materielle Kultur. Die Tasmanier, die nicht mal ein Feuer hatten – sie hatten Feuer aus kulturellen Gründen absichtlich aufgegeben –, galten als den Affen am nächsten. Dann waren da die Afrikaner und Pygmäen, und dann als höchste Stufe der Wilden galten die Indianer. Man betrachtete diese schon als Menschen, aber nicht als hoch entwickelte Menschen. Dann kam die mittlere Schicht, die Barbaren, Chinesen und Inder, die waren dazu da, den höher entwickelten Europäern zu dienen. Auch die Europäer wurden aufgeteilt: Ganz unten standen die Slawen, dann die Südländer und oben die Nordeuropäer. Das haben die Leute ganz ernst genommen, gelehrt und gelernt. Das hat die Menschen geprägt, dieser ganze Rassismus, der in Amerika noch immer unterschwellig da ist.

Wir sind in unseren Weltbildern verhaftet. Als ich nach Jahren in Amerika und Indien wieder nach Europa kam, dachte ich, hier würde weltoffen gedacht. Aber auch hier sind wir eng und in unseren eigenen Ideologien verhaftet. Und ich finde, sehr viele Dinge kann man gar nicht ansprechen, weil es irgendwie nicht in das Weltbild passt oder die Gefahr besteht, dass es politisch unkorrekt sein könnte. Und in dem Sinn sind wir gar nicht anders oder gar nicht so viel weiter als die Wissenschaftler damals.

Ideologie färbt immer die wissenschaftliche Rekonstruktion, und heute ist es nicht viel anders. Wir lesen ein Buch von einem Institut und schauen uns die Darstellung des Stammbaums der Menschheitsgeschichte an. In einem Buch eines anderen Instituts sieht dieser Stammbaum ganz anders aus. Es gibt keinen eindeutigen Stammbaum, nur eine ungefähre Vorstellung.

Die wissenschaftliche Methode, die heute dominierend ist, ist, ähnlich wie die Kirche mit ihrem Monotheismus, eine Mono-Erklärung, sie ignoriert weite Teile dessen, was eigentlich menschlich ist und was wir in der Archäologie finden. Also in der Urgeschichte gibt es erstmal Funde von Steinen, deswegen Steinzeit. Und alles andere wie Skelette, die sich auch ein bisschen länger halten. Aber schon, wenn es zu Flechtwerk und Holz und Leder kommt, haben wir aus diesen Zeiten kaum Funde, denn diese Materialien erhalten sich ja nicht. Und wenn wir es finden, dann ist es zehn- oder zwanzigtausend, höchstens dreißigtausend Jahre alt. Beim Cro-Magnon, da ist mehr erhalten geblieben als in früheren Stufen beim Neandertaler, wo die Funde vielleicht sechzig-, hundert- oder hundertzwanzigtausend Jahre alt sind. Und noch weniger ist erhalten vom Homo erectus. Wir wissen also wenig. Und über die geistige Kultur, die ja eigentlich den Menschen ausmacht, darüber wissen wir fast nichts.

Die älteste Feuerstelle, die bislang gefunden wurde, ist in Kenia und wird auf ein Alter von 1,5 Mio. Jahre datiert. Man weiß, dass es an der Stelle sehr lange gebrannt hat, mit einer hohen Hitze, und das kann nur ein Lagerfeuer gewesen sein. Das ist einemillionfünfhunderttausend Jahre alt! Am Feuer wird der Tag verlängert. Da kann man Holzstöcke spitzen und ankohlen, um sie fester zu machen. Die ersten Speere waren ja im Feuer gehärtet. Die Sammler, meistens Sammlerinnen, verwenden auch heute noch meistens feuergehärtete Stöcke. Am Feuer werden Geschichten erzählt, es hält die Raubtiere fern.

Ich muss noch mal auf den Anfang unseres Gesprächs zurückkommen. Du hast erwähnt, dass der aufrechte Gang von vornherein „angelegt" war, schon als die Hominiden noch in den Bäumen lebten …

Ja, eine Präadaption nennt man das, im Englischen *pre adaption*.

Für mich stellt sich die Frage, ob diese Entwicklung eine rein genetische Anpassung an andere Lebensumstände war oder ob dahinter eine Form steht, die ausgefüllt wird. Manche Menschen sprechen heute vom „Intelligent Design". Das ist ein schwieriger Begriff finde ich, aber man fragt sich ja schon manchmal, woher das alles kommt und warum es sich gerade so und nicht anders entwickelt hat …

Da kommt man dann wieder in ideologische Bereiche, Weltanschauungsbereiche. Wenn man von der Urgeschichte redet, dann redet man normalerweise nach dem allgemein akzeptierten westlichen Paradigma, welches der Darwinismus ist. Hier werden all diese Dinge als Anpassungen gesehen, die dann auch genetisch veranlagt werden.

Intelligent Design, nun ja … Es gibt ja sehr viele Arten und Weisen, wie man überhaupt die Menschwerdung oder Schöpfung sieht. Aber es ist so etwas wie eine Intelligenz in der Natur vorhanden, etwas wie ein Geist, und dies ist für die meisten Menschen offensichtlich.

Die extrem fundamentalistischen Darwinisten, die sehen alles nur als zufällige Mutationen und die Bestangepassten überleben. Das hat auch seine ideologischen Seiten, ganz klar.

Was so etwas wie Intelligent Design angeht: Teilhard de Chardin, ein katholischer Anthropologe, spricht von einer geistigen Sphäre, der Noossphäre, die sich langsam und im Menschen verkörpert. Dahinter steht eine Art Plan, in dem es eine ständige Vergeistigung gibt, bis eine geistige Schöpfung oder ein geistiger Zustand geformt wird. Andere berufen sich auf Aristoteles, der sagt, die Schöpfung, oder das, was wir Schöpfung nennen, sei wie die Eichel, die schon den Eichbaum in sich trägt und sich in diese Richtung entwickelt. Der Ethnobotaniker Terence McKenna spricht von einem universalen Attraktor, auf den die ganze Geschichte zuläuft. Aber das sind alles Ideen, die a priori sind, die man weder verleugnen noch wirklich beweisen kann. Dass es eine Intelligenz in der Natur gibt, das scheint so zu sein. Sogar die Pflanzen verhalten sich mit einer unglaublichen Intelligenz und passen sich an die Jahreszeiten an.

Es scheint also irgendwie eine Intelligenz zu sein, die sich Ausdruck verschafft.
Rudolf Steiner sagte: „Die Natur ist intelligent." Das sagen natürlich auch die Inder auf ihre Art und Weise. Für die Inder ist das Wesen des Seins, das Wesen der Schöpfung, Bewusstsein, Intelligenz.

Die Natur ist eigentlich die verdichtete kosmische Intelligenz, und im Menschen wird sie immer mikrokosmischer, dass heißt, der Makro-Kosmos wird im Menschen zu einem Mikro-Kosmos. Das kosmische Ich wird im Menschen zum menschlichen Ich.

Aber das hebt den Menschen auch wieder heraus und gibt ihm eine Sonderstellung innerhalb der natürlichen Welt.

Es sind einfach andere Anschauungsweisen. Und es kann durchaus sein, dass diese ganze Evolution des Menschen und auch überhaupt der Natur ein Ziel hat, wie Aristoteles sagt. Oder wie die Inder es darstellen, dass die Schöpfung entsteht und dann wieder schwindet. Und irgendwann kommt sie wieder, irgendwann wacht der göttliche Geist auf und der ganze Schöpfungsprozess beginnt von neuem. Das Urwesen Vishnu wacht auf, und aus seinem Nabel wächst ein Lotus, öffnet sich und darin sitzt der Schöpfer, Brahma. Und der Schöpfer schafft dann das Universum, in dem er in die Tiefe meditiert und aus der Tiefe im wahrsten Sinne des Wortes schöpft und hervorbringt. Shakti, die weibliche Seite Brahmas, wird Vak oder Sarasvati genannt. Sarasvati ist die fließende, die weiße Göttin, aber ihr Name Vak bedeutet auch Wort – verwandt mit dem lateinischen *vox,* dem Wort, oder *vocare,* hervorrufen. Das Wort benennt das Hervormeditierte und durch das Benennen hat es ein Dasein. So entstehen die Dinge und treten aus dem Urgrund hervor. Die Grundlage ist Brahma, er verkörpert die Weisheit des Universums. Aber auch dies sind Dinge, die man nicht empirisch, also mit der Wissenschaft nachweisen kann. Dieses Wissen stammt aus der tiefen Meditation, aus der Geistesschau kommen solche Bilder. Darin ist der Abschnitt, den wir Evolution nennen, eigentlich nur ein kleiner Teil. Wir sehen dann diese Entwicklung - auf einmal tauchen Tiere und Menschen auf wie in einem Geburtsprozess. Aus dem Urkeim im Mutterschoss entwickelt sich der Fötus und das Embryo und wird dann geboren und wächst und stirbt. Dann, irgendwie, irgendwann, erlangt das Wesen eine Wiedergeburt. Aber das kann man nicht wissenschaftlich beweisen, und vielleicht ist so der ganze Kosmos gestaltet, als so ein Prozess.

Wie ist das für dich persönlich? Kannst du dir vorstellen, dass Geist sich in dieser Weise verkörpert, dass Geist sich Ausdruck verschafft und sozusagen die Welt wird?

Wenn wir im Westen von Geist reden, ist das so abstrakt.

Ich meine es wirklich anders, im Sinne von einem Großen Geist, das Sein als solches, welches zur Welt wird …

Ich kann das sehr gut nachvollziehen. Das ist ja fast ein Urbild, dass der Geist materielle Gestalt annimmt und dann wieder geht. So sind wir eigentlich auch. Wir kommen in die Welt, wir haben dort unsere Erlebnisse, unsere Erfahrungen, erzeugen auch unser Karma – Karma heißt ja nichts anderes als Taten und deren Wirkung –, und dann gehen wir wieder. Das kann ich mir gut vorstellen, das kann ich gut nachvollziehen. Und dass man dann wiederkommt und dass das Karma, welches man in dieser Welt zurückgelassen hat, einen wieder zurückzieht und dann zum Schicksal wird.

Wenn ich dir zuhöre, fällt mir der heidnische Jahreskreis ein, der ja auch einen Kreislauf von Geburt, Reifen, Tod und Wiedergeburt symbolisiert. Siehst du zwischen dem Jahreskreis und unserem Lebenskreis auch Zusammenhänge?

Fast alle vor-modernen und nicht westlichen Kulturen haben die Naturabläufe als Basis ihrer Denkmodelle. Die natürlichen Kreisläufe sind offensichtlich, der ewige Wechsel von Winter zu Sommer, Sommer zu Winter, Tag und Nacht, das Abnehmen und Zunehmen des Mondes, Samenkeimung, Wachstum, Blühen, Versamen und neue Samenkeimung, die periodischen Wanderungen der Wildtiere, die Züge der Lachse und so weiter. Warum soll nicht auch unser Leben, unsere Lebenskreise diesem Rhythmus folgen? Das ist, wie die vedischen Weisen sagen, *Ritam,* das Urgesetz. Das Wort Ritam ist übrigens mit Wörtern unseres Sprachschatzes wie Ritual, richtig, Recht, gerecht und so weiter verbunden. Seit der Neuzeit, seit der sogenannten Aufklärung denkt man jedoch anders, da tickt die Zeit linear, in einer ununterbrochenen Linie und man nimmt die Maschine, nicht die Naturabläufe als Grundlage für das Weltbild. Eine Maschine geht schließlich kaputt und wird verschrottet. Wer weiß, vielleicht ist das ältere Weltbild von ewiger Wiederkehr schließlich doch das richtigere.

Kapitel 2:
Die Wiege der Menschheit

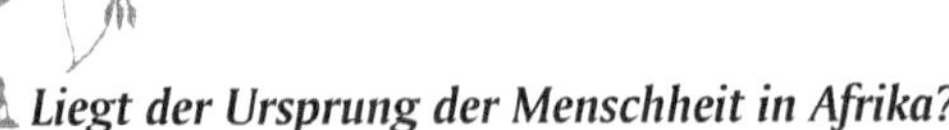

Liegt der Ursprung der Menschheit in Afrika?

Innerhalb Afrikas ist der Genpool am unterschiedlichsten, außerhalb Afrikas ist er sehr ähnlich – das scheint die Out-of-Africa-Theorie zu untermauern.

Ja, die Hominiden haben ihren Ursprung in Afrika. Sehr früh sind allerdings Gruppen ausgewandert, da gibt es Funde in Indien und anderswo. Es kommt drauf an, was man als Mensch bezeichnet.

Problematisch ist es, wenn man nur den Homo sapiens sapiens als Mensch gelten lässt, ihn wie einen Eroberer der Kolonialzeit imaginiert, der die Neandertaler – als unterlegene Spezies – dann langsam ausrottete. Mit dieser Art Theorie bin ich nicht einverstanden.

Ich bezeichne den Neandertaler einfach als eine andere Menschenrasse, die hervorragend an die Kälte angepasst war. Die Neandertaler waren diejenigen Menschen, die es fertig brachten, in der Eiszeit, oder am Rande der Eiszeit, in der eiszeitlichen Tundra und Steppe zu überleben. Die dicke knollige Nase und die Stirnwülste, das sind nicht unbedingt archaische Zeichen, sondern Anpassungen an die Kälte, die in die Gene mit einfließen. So wird die Luft ein bisschen aufgewärmt.

Das wird heute zum Teil zwar geleugnet, aber die unterschiedlichen Menschenrassen sind Anpassungen an natürliche Gegebenheiten. Deswegen gibt es in Nordeuropa die hellhäutigsten Menschen mit blauen Augen. Nordeuropa ist der Teil der Erde, wo es die größte Wolkendichte gibt und da wäre dunkle Haut eine gar nicht so gute Anpassung. Mit einer hellen Haut nimmt man mehr Sonnenlicht auf und synthetisiert das lebensnotwendige Vitamin D, das unter anderem für den Knochenbau wichtig ist. Umso näher man den Tropen kommt, umso dunkler werden die Menschen. Ob das nun in Indien ist – in Südindien sind die Menschen viel dunkler als in Nordindien – oder ob das in Australien oder in Afrika selber ist. Die Buschmänner in Südafrika, die Khoi-Stämme und die Hottentotten, die sind viel heller als die Bantus am Äquator. Und dann nach Norden werden die Hautfarben wieder heller. Es gibt einen direkten Zusammenhang mit der Sonneneinstrahlung. Wir sind Teil der Natur und passen uns an. In diesem Sinne ist die darwinistische Erklärung schon die logischste. So ist der Neandertaler eine Anpassung an extreme Kälte.

Zuerst sprach man jedoch, wieder ideologisch voreingenommen, von verschiedenen Arten. Man sprach zuerst vom Homo neandertalensis. Inzwischen wird der Neandertaler als Homo sapiens neandertalensis bezeichnet. In den Köpfen der damaligen Wissenschaftler waren es zwei verschiedene Arten, und dann kam der Gedanke der Ausrottung daher, dass die überlegenen, fortschrittlichen Homo sapiens sapiens, aus Afrika kommend, den schwerfälligeren, dümmeren Neandertalern den Garaus machten.

Der Neandertaler war sehr gut angepasst an sein Leben als Großwildjäger in diesen kalten Regionen. Seine Steintechnik, seine Jagdwerkzeugherstellung war hoch entwickelt. Die Speere waren übrigens aus Eibenholz – Eibe als Baum des Todes ist ein ganz altes Bild.

Du hast schon erwähnt, dass manche Anthropologen behaupten, der Homo sapiens hätte den Neandertaler verdrängt oder sogar ausgerottet, manche sprechen gar vom ersten Genozid. Andere wiederum sagen, der Homo sapiens hätte Krankheiten aus Afrika eingeschleppt,

denen der Neandertaler nichts entgegenzusetzen gehabt hätte. Kannst du dazu noch etwas sagen?

Das sind zeitgebundene, tempozentrische Theorien. Das Buch „Kollaps“ von Jared Diamond beschreibt den Untergang von Kulturen. Immer wieder spielen da auch Seuchen eine Rolle, z.B. als die Europäer in die Neue Welt kamen und ihre Krankheiten mitbrachten. Daran sind mehr Eingeborene gestorben als an den Gewehrkugeln der Eroberer.

Aber seuchenartige Krankheiten sind relativ neu, sie sind in der Steinzeit nicht belegt. Denn verantwortlich für die Entwicklung solcher Krankheiten ist hauptsächlich die Domestizierung von Tieren. Erst dadurch konnten die Bakterien die Artenschranke überspringen. Das wird alles erst zum Problem, wenn die Bevölkerungsdichte hoch ist, wenn große Populationen aufeinandertreffen. Aber die frühen Homo sapiens und die Neandertaler waren Jäger und Sammler. Kleine Gruppen, die einander aus dem Weg gingen. Bei Konflikten konnten Jäger und Sammler einfach weiterziehen, das Land war groß genug. Deshalb glaube ich weder an so etwas wie einen ersten Genozid noch an die Ausrottung durch Seuchen.

Diese Theorien sind Übertragungen aus der neueren Geschichte. Damals spielte das keine große Rolle.

Und wie gesagt, ich glaube auch nicht, dass der Neandertaler ausgestorben ist.

Warum ist der Homo sapiens überhaupt aus Afrika nach Norden gewandert? Überbevölkerung oder Nahrungsmittelknappheit können doch nicht der Grund gewesen sein, oder? War es einfach die menschliche Neugier?

Man wandert einfach weiter. Man zieht umher, man geht ein bisschen weiter, oder die Herden ziehen weiter und man folgt ihnen. So sind ja die Homo sapiens in die Neue Welt gelangt. Das kann man miteinander vergleichen. Das war während der letzten Eiszeit, vor etwa 30.000 Jahren. Zu der Zeit gab es die Haupteinwanderungswellen, in denen auch die meisten Algonkin und Prärieindianer – die Cheyenne, bei denen ich gelebt habe, zählen dazu – in die Neue Welt gewandert sind. Und warum? Warum sind sie da rüber? Warum sind sie nicht in Sibirien geblieben?

Aber in Afrika war es warm, es gab genügend Nahrung. Warum geht man dann in den kalten Norden?

Afrika hat auch einen ständigen Klimawandel erlebt. Während der Eiszeiten gab es dort Regenperioden. Im Miozän war die Sahara Wald, Lorbeerwald, wie man ihn noch auf den Kanaren, z. B. auf Gomera findet. Und man folgte den Wanderungen des Wilds, so wie die Paläoindianer, die Sibirier, über die Beringstraße wanderten.

Das war keine schmale Gasse, sondern ein 1.600 km breiter Übergang. Da wuchsen Gräser und Weidengestrüpp, und dort sind die Mammutherden in die Neue Welt gezogen. Es gab schon eine Elefantenart in Amerika, aber die Mammuts sind von dort aus dahin gewandert. Unsere Wölfe und Bären haben diesen Weg benutzt.

Es gab dort ebenfalls Bären, aber eine völlig andere Art, schnelle Läufer, die Großwild gejagt und angefallen haben. Es gab auch vegetarisch lebende Bären, aber unsere Braunbären – man nennt sie ja auch Altweltbären – sind während der letzten Eiszeit dorthin gewandert.

Das Eisschild in der Beringstraße war gespalten, so dass es eine Art Korridor gab, durch den die Tiere ziehen konnten.

Die Großwildjäger, die Paläoindianer oder Paläosibirier, sind den Herden nachgefolgt und haben alles mitgenommen, was sie hatten. Die ganze indianische Kultur ist eigentlich paläosibirische Kultur. Kultur der jüngeren Altsteinzeit, die von Kamtschatka bis zum Atlantik reichte. Deswegen fühlen sich viele Menschen in Europa wahrscheinlich mit den Indianern verbunden. Die Indianer haben Dinge beibehalten, die wir ebenfalls kannten. Man erkennt sich wieder. Überreste von Tipis hat man auch in verschiedenen Teilen Europas gefunden. Aus der jüngeren Altsteinzeit gibt es z. B. einen Fund bei Hamburg. Richtige Tipis. Man kann das im Boden sehen, wo die einzelnen Pfosten eingelassen waren, man kann die Feuerstelle in der Mitte sehen. Diese Tipis waren nicht so groß wie später bei den Prärieindianern. Diese großen Tipis kamen erst auf, als die Indianer Pferde zum Transport nutzten. Vorher zogen Hunde das Gepäck und die kleineren Tipi-Stangen, und die Tipis waren Sommerunterkünfte für die Jäger. Eine ganz ähnliche Kultur hatten wir hier in Europa in den nacheiszeitlichen Tundren und Steppen auch. Diese Jäger sind den Herden nachgezogen. Die Kreise der Gruppe wurden größer und weiter – und so bewegte man sich von Afrika nach Norden und von Norden nach Osten und schließlich bis in die sogenannte Neue Welt.

Kapitel 3:
Werkzeug und Feuer – Die große Veränderung beginnt

Ich kann stundenlang vor dem Kamin sitzen und in die Flammen schauen. Ist das eine stammesgeschichtliche Erinnerung in meinem Gehirn, etwas, was mir Gemeinschaft und Sicherheit verspricht?

Ja, das würde ich sagen. Diese alten Erlebnisse und Muster, die prägen sich ganz tief in uns ein.

Die Bedeutung des Feuers ist für die Entwicklungsgeschichte des Menschen wirklich nicht zu unterschätzen. Am Feuer kann man Nahrung zubereiten, braten und kochen. Gekochte und gebratene Nahrung ist leichter zu essen, muss nicht mehr so stark gekaut werden. Also wurde diese Muskulatur schwächer und der Kopf konnte mehr Raum gewinnen und größer werden. Der größere Schädel bot Platz für mehr Gehirn, leider wurde es dann auch schwieriger zu gebären. Die Becken sind also breiter geworden, denn der immer größer werdende Kopf verlangte eine Anpassung, damit die Kinder geboren werden konnten. Und die Kinder wurden immer früher geboren, im ersten Lebensjahr sind sie eigentlich nach außen versetzte Embryonen. Fluchttiere zum Beispiel können gleich laufen, und Hunde- und Katzenwelpen sind zwar noch blind und hilflos, aber nicht so lange, nicht ein ganzes Jahr. Dann muss das Kind erst noch das Laufen lernen, da muss man ständig auf der Hut sein. Aber während dieser ganzen Zeit sind sie schon unter dem Einfluss der gesellschaftlichen Normen, und so wird der Mensch zu einem sehr sozialen Wesen und einem Kultur-Wesen. Die Instinkte rücken weiter weg und der Raum zum Denken und zum Überlegen wird geschaffen.

Für mich hat das wirklich etwas Archaisches, ins Feuer zu schauen, dieses Spiel der Flammen zu sehen.

In die Flammen zu schauen ist entspannend und tut körperlich und seelisch gut. Wir haben das über hunderttausende von Jahren gemacht. Wenn man bedenkt, dass die erste Feuerstelle, die man archäologisch belegen kann, 1,5 Millionen Jahre alt ist … Wir waren 98 oder 99 Prozent der Zeit, die wir als Menschen verbracht haben, Jäger und Sammler. Seit dem Neolithikum, also dem Sesshaftwerden, sind ja bestenfalls zehntausend Jahre vergangen. Bei vielen noch weniger, hier in Europa fand die neolithische Revolution erst vor ca. sechstausend Jahren statt. Aber schon für die frühen Jäger und Sammler spielte das Feuer, das Feuer umlegt von Steinen, immer eine Rolle. Jeden Abend saß man da. Man wärmte sich. Nahrung wurde gebraten und gegart. Man sah das lebendige Spiel der Flammen, und es regte innere Bilder an. Es wurden Geschichten erzählt, dem Tagesablauf wurde gedanklich nachgegangen. Alles kam zur Ruhe. Das hat die Menschen ganz tief geprägt.

Heute haben wir das ersetzt, und für mich ist es ein Zeichen, wie arm wir geworden sind. Kaum jemand hat noch eine Feuerstelle in seinem Haus. Was für eine seelische Kälte die Menschen dadurch erleben, wie kalt sie selber werden. Das Feuer wurde ersetzt durch den Fernseher, der zwar auch mit seinen Bildern flackert, aber ein kaltes Feuer ist. Er lässt die Imagination, die Vorstellungskraft, nicht frei, sondern er programmiert Inhalte in unsere Seele hinein. Das ist etwas ganz anderes, als beim Feuer zu träumen oder beim Feuer in sich hinein zu sinnen oder Geschichten zu hören, die ein alter, erfahrener Großvater oder eine alte, erfahrene Großmutter erzählen kann. So sind wir relativ arm geworden.

Ich spüre das oft bei meinen Seminaren, da machen wir meistens ein Feuer, und viele der Menschen haben kaum je ein richtiges Feuer gesehen. Sie sind auch jahrelang nicht barfuss gelaufen. Sie spüren nicht, dass die Erde wirklich lebendig ist und dass es sich anders anfühlt, ob sie mit Gras bewachsen oder ob es nackter Erdboden ist, ob es Zement oder Asphalt ist. Bei Zement oder Asphalt hören die ganzen Schwingungen auf, und man wird stumpf. Unsere Schuhe sind wie Särge an den Füßen, wir spüren nichts mehr.

So ist es auch mit dem Feuer. Wir haben kein Feuer mehr, und wir haben auch keine wirklichen Geschichten mehr, die die Seele berühren. Feuer tut immer gut.

Feuer wurde in vielen Kulturen als ein geistiges Wesen gesehen, als eine Gottheit, die unter den Menschen weilt.

Im Hinduismus gibt es die Feuergottheit Agni – der Name ist übrigens verwandt mit dem lateinischen ignis, Feuer –, die zwischen der Anderswelt und der diesseitigen Welt vermittelt. Sie nimmt mit dem Rauch die Gebete auf und bringt sie in die geistige Welt, man kann in das Feuer hineinsprechen und so mit den Göttern kommunizieren. Die Indianer reden ebenfalls mit dem Feuer. Das ist nicht nur tote Materie oder ein Oxydationsprozess, sondern es ist ein lebendes Wesen, es hat Hunger, es muss gefüttert werden. Es gibt viel, es wärmt. Es knistert und spricht. Es kann aber auch furchtbar werden, eine Feuersbrunst zum Beispiel. Wasser wird traditionell auch nicht als H_2O gesehen, also einfach als Materie, sondern als etwas Lebendiges. Fließende, göttliche Energie. Genauso das Feuer. Das Feuer ist etwas, was nach der griechischen Prometheus-Sage den Göttern gehörte. Prometheus heißt „der Vordenker“. Da ist jemand der vor-denkt. Das ist ein Zeichen der Menschheit, dass sie nicht nur wie ein Tier an die absolute Gegenwart gefesselt ist, sondern dass sie vor-denken und auch noch nach-denken kann. Das ist sehr menschlich, und zwar so menschlich, dass wir manchmal nur in diesem Vordenken oder Nachgrübeln leben und deshalb die Gegenwart verlieren. Aus diesem Grund ist eine *religio*, eine Wiederverbindung, so wichtig. Oft sind das Übungen, um im Hier und Jetzt zu sein – weil wir das verloren haben, was den Tieren ganz natürlich zu eigen ist. Das Feuer ist eine geistige Wesenheit, eine Gottheit, die auf der Erde ist und uns das vor- und nachdenken gebracht hat.

Wir können gern noch ein wenig auf diese mythologischen Aspekte zu sprechen kommen. Du hast Prometheus schon erwähnt. Aber es gibt ja auch den feuerspeienden Drachen. Kannst du noch etwas dazu sagen, wie solche Geschichten zustande kommen?

Ja, der Drache speit Feuer, und in der Mythologie symbolisiert der Drache eine Ur-Energie. Drachen sind die ersten Kinder der Erdmutter Gaia, die selber auch als Drache erscheinen kann. Das sind ungebändigte, wilde Energien, und das Feuer kann ja auch so sein. Es gibt Erddrachen, und wenn diese sich bewegen, dann schüttelt sich die Erde. Es gibt Winddrachen, die mit ihrer Wildheit Stürme auslösen, Wasserdrachen, die das Meer aufpeitschen, und es gibt natürlich die Feuerdrachen, die Feuersbrünste hervorrufen. Und wenn man sich diese Sichtweise zu eigen macht und sich von dieser modernen, gefühllosen, kalten Objektivierung entfernt, stattdessen die Geistigkeit in der Natur akzeptiert, dann kann man anfangen zu sehen, dass es nicht nur physikalische Elemente sind, sondern dass die Erde eigentlich ein belebtes, beseeltes Wesen ist.

Als Menschen können wir mit diesem Wesen kommunizieren, als Schamane sowieso. Wir können dieses Wesen bitten, sich zu beruhigen oder auch zu uns zu kommen und uns Einsichten zu schenken. Das ist das, was die Schamanen tun.

Als ich als Gärtner gearbeitet habe, da war ich zweieinhalb Jahre nur in meinem Garten, bin kaum mehr in die Stadt gegangen. Zu der Zeit hatte ich einen Kater, der mir zugelaufen war und der mir überallhin folgte. Der lebte im Gartenhaus, wo die Werkzeuge untergebracht waren und wo im Winter ein warmer Ofen brannte und wo ich alle inneren Bilder an die Wände malte. Das sah aus wie die Sixtinische Kapelle, alles vollgemalt. Ich hatte übrigens Schwierigkeiten mit dem Dorfpriester, der sagte, das wäre aufkeimendes Heidentum. Aber auf jeden Fall habe ich mich am Abend oft an den Ofen gesetzt, ihn aufgemacht und in das Feuer geschaut. Nach getaner Arbeit ist man ein bisschen müde und man schwebt dann zwischen Wachen und Träumen, zwischen dem alltäglichen Bewusstsein, zwischen dem Diesseits und der Anderswelt. Und in diesem Zustand stimmte ich mich auf das Tier ein. Die Katze, merkte ich, hatte ihren Körper hier, aber sie war auf Astralreise. Das machen Katzen gerne, sie haben ein feuriges Wesen. Sie hat ihre Seele in das Feuer hineinprojiziert und mir gesagt: „Komm mit, ich will dir etwas zeigen." Und meine Seele ist mit in das Feuer hineingegangen, eine wunderbare Welt von ständigem Wandel. Licht, wie Edelsteine, und die Wesen, die die mittelalterlichen Alchemisten Salamander genannt haben, Verkörperungen von winzigen Feuerdrachen, die dann ständig ihre Form und Gestalt änderten, und die so lebendig wirkten. Ich hatte den ganzen Tag gearbeitet, von Sonnenaufgang bis Sonnenuntergang, da ist man müde, und die Seele löst sich etwas vom Alltag. Die Seele löst sich ein bisschen vom Körper und nimmt geistige Dimensionen wahr.

Kann man sich so den Beginn dessen vorstellen, was wir heute Schamanismus nennen? Und ist der Schamanismus sozusagen die Urreligion unserer Vorfahren?

Ja, das Schamanentum ist so alt wie die Menschheit selber. Es ist das unmittelbare Wahrnehmen der tieferen Hintergründe. Es hat nichts mit Glauben zu tun, sondern mit Erleben. Man erfährt die Kräfte und Mächte, die in der Natur wirksam sind als richtige ansprechbare Wesen, als Zwerge, Riesen, Drachen, Götter und so weiter. Das sind sozusagen wahre Imaginationen, man nimmt sie mit den „Augen der Seele" wahr. Mittels Gesang, Trommeln, Räucherungen, Tanz, Zauberworten versucht man diese Wesen zu bewegen, günstig zu stimmen, Heilung zu bringen oder was auch immer. Schamanen vermögen es, in diese „andersweltliche" Dimension einzudringen, dort etwas zu bewirken, und – darin besteht ihre Kunst – wieder heil in die Alltagswelt, in das alltägliche Bewusstsein zurückzukommen. Sie haben die Verbindung zu den geistigen Wesenheiten nicht verloren. In dem Sinn kann man das Schamanentum als die Urreligion verstehen. Stifterreligionen – Islam, das Christentum des Paulus, Buddhismus und so weiter – sind wie Ackerbau, Städtebau, Staatswesen oder organisiertes Kriegertum, Erfindungen der jüngeren Geschichte, der post-neolithischen Gesellschaft.

Das Feuer hat viel in der Geschichte der Menschheit verändert. Eine andere große Umwälzung war sicher das Entdecken, die Herstellung und der Gebrauch von

Werkzeugen. Wie entdeckt der Mensch so etwas wie die Nutzung eines Faustkeils, wie geschieht das?

Schimpansen benutzen auch Steine, um Nüsse aufzuknacken. Und wenn man mit einem Stein im spielerischen Trieb auf einen anderen Stein haut, spaltet sich ein Stück ab, und dann hat man eine scharfe Kante und damit kann man wieder etwas ganz anderes machen. Der Vorgang ist ein ganz natürlicher und wurzelt in prä-hominidem Verhalten. Später kommen dann Tradierungen hinzu. Wissen, das von Generation zu Generation weitergegeben wird, das ist wichtig. Dadurch entstehen weitere Verbesserungen an den Werkzeugen.

Steine spielen eine wichtige Rolle in der Archäologie, weil sie einfach nicht zerfallen. Andere Dinge sind leider nicht erhalten geblieben: Holz, Bast und hier im Norden Brennnesseln, die bei den Neandertalern sicher etwas sehr Wichtiges waren. Aus Brennnesselfasern kann man wunderbare Stricke und Seile machen, man kann Schlingen herstellen, um Tiere zu fangen, man kann Netze knüpfen, um Fische zu fangen – und nichts von dem ist archäologisch erhalten geblieben.

Erfindungsreichtum scheint eine der großen Fähigkeiten der ersten Homo sapiens gewesen zu sein. Gibt es einen Unterschied bezüglich der grundlegenden Intelligenz zwischen diesen frühen Menschen und uns, oder ist es nur ein Unterschied in der Bildung, die ja auf vorher erlangtem Wissen beruht?

Ich denke, wir sind dümmer geworden, dekadenter. Wir sind nicht mehr so offen, natursinnig, und es gibt sowieso einen inneren Leerlauf. Und weil wir nicht diese naturverbundene Weisheit haben, machen wir auch so viel kaputt. Naturvölker haben keine Umweltschäden angerichtet. Und das nicht nur, weil sie es nicht konnten. Und ich glaube auch nicht, dass die Menschen das Mammut ausgerottet haben. Diese sind zwar immer weniger geworden, aber das hatte mit einer Klimaveränderung zu tun.

Ich denke, die Intelligenz war im Grunde genommen dieselbe. Hier verlasse ich wieder den sicheren, wissenschaftlichen Boden: Der Geist, der sich inkarniert im Menschen, entwickelt zunehmend ein Innenleben. Die Verbundenheit mit der äußeren Natur, die Instinkte, die ihn mit sicherer Hand führten, werden allmählich durch kulturelle Handlungen, durch Überlegungen und Überlieferung ersetzt. Der Geist verlässt den Makrokosmos und wird im Menschen verinnerlicht zum Mikrokosmos, und zwar in jedem Menschen anders. Jeder Mensch ist ja ein kleiner individueller Kosmos. Also, ich bin ein Universum und du bist es auch. Jeder Mensch ist das, und jeder Mensch hat seine eigene Perspektive. Wir sind sozusagen wie Samen. Wir sind die Saat des Makrokosmos, Samen des großen Geistes. Er hat sich versamt, dieser Geist. Und alles, was wir in unserem Leben aufnehmen, wird Teil eines jeweiligen neuen Kosmos. Und deswegen sind die Weisen sehr vorsichtig, was sie in ihrem Denken und Sinnen aufnehmen und was sie nicht aufnehmen. Das ist so eine Art mentale Hygiene. Ich nehme sehr gerne die Natur in mir auf, die Tiere und die Pflanzen, die Landschaften. Weil die so im Einklang mit den natürlichen Rhythmen der Sonne, der Planeten und des Sternenhimmels sind, geben sie mir Stärke. Es sind Phänomene, die die Menschen seit Anfang der Zeit begleiten. Ich nehme nicht gerne Perversionen, Gewalt oder was immer auf, denn das lebt dann auch in der Seele weiter. Und wenn wir den Körper ablegen, dann ist nur noch die Seele da, und das ist der Keim für die nächste Verkörperung. Was sie in sich trägt, ist der nächste Kosmos, der da ist. Und da können wir entscheiden, was wir mitnehmen oder was wir nicht mitnehmen. Also du – indem ich dich anschaue und dir zuhöre – bist jetzt da, in meinem Kosmos, und lebst dort in Ewigkeit, weil du jetzt hier bist. Ja, das ist natürlich sehr weit jenseits der Wissenschaftlichkeit, nicht wahr? Was ich hier erzähle, soll auf jeden Fall nicht als Dogma verstanden werden. Es ist lediglich ein Blickwinkel, wie man die Dinge auch sehen kann.

Was du gerade gesagt hast, dass dann derjenige in diesem Kosmos ewiglich enthalten ist, weil er einmal da war, das finde ich gar nicht so unwissenschaftlich. Der Physiker Brian Swimme sagt, dass wenn du in den Wald gehst und wieder zurückkommst, dann nimmst du ein Stück dieses Waldes mit. Also wirklich auch physikalisch, weil das, was du siehst, Photonen sind, die in deine Netzhaut eingehen und dich für immer verändern.

Ja, und da muss man natürlich wieder voraussetzen, dass wir nicht einfach enden, wenn der Herzschlag, der Puls oder die Atmung aufhört. Man muss wahrhaben, dass wir verkörperte Geistwesen sind. Und dass wir den Körper annehmen. Das beginnt schon bei der Zeugung und Befruchtung. Da sind wir außerhalb des Leibes und sehen das. Die Indianer sagen, dass der Geist noch in der freien Natur ist, die Seele herumschwebt. Schwebt herum, um die schwangere Mutter, während seine Leiblichkeit heranreift, in ihrem Schoß wächst. Er fliegt mit den Vögeln, mit den Schmetterlingen und manchmal, etwa wenn er sich erschreckt, fühlt er sich hineingezogen. Im Mutterschoß findet er dann Geborgenheit. Umso näher die Geburt kommt, umso mehr verbindet er sich mit seiner Leiblichkeit, mit dem heranwachsenden Fötus.

Es gibt beim Menschen siebenjährige Rhythmen, Inkarnationsrhythmen. Da ist erstmal der Zahnwechsel, so mit rund sieben Jahren und dann mit vierzehn die Pubertät, die bei uns heutzutage immer früher eintritt. Aber das hat mit der künstlichen Beleuchtung zu tun, denn dadurch ist für den Organismus immer Vollmond, und der Vollmond regt die Sexualität an. Aber früher war die Pubertät ungefähr mit vierzehn Jahren. Mit 21 Jahren ist der Mensch dann verantwortlich, da gibt es zum Beispiel auch kein Jugendstrafrecht mehr. Im mittleren Alter ist der Mensch voll im Körper und geistig da, und im Alter löst sich der Geist wieder vom Körper. Deswegen wurden die Alten auch respektiert, weil ihre Seele weit reisen konnte. Irgendwann wird der Körper abgelegt. Ein langer Weg der Inkarnierung und Exkarnierung.

In der Menschheitsgeschichte ist es genau so, dass bei den ganz frühen Vorfahren der Menschen der menschliche Geist noch weit außerhalb war. Im Devon oder im Karbon, in der Zeit, als es noch keine Säugetiere gab – es gab auch noch keine Reptilien, noch keine Echsen –, da war das am weitesten entwickelte tierische Lebewesen, also in unserer Ahnenreihe, ein Lurch, ein molchartiges Wesen. Und der hatte ein lichtsensibles Organ, die Zirbeldrüse, ein „drittes Auge", das die Lichtrhythmen wahrnehmen konnte, auch die Mondrhythmen, die dann ganz genau die Fortpflanzungsrhythmen vorgaben. Wo waren wir in dieser Zeit? Wo war der menschliche Geist? Er war außerhalb des Körpers, genau wie beim Embryo. Unsere unmittelbaren Vorfahren waren kleine Lurche im Sumpf und der Geist des Lurches war in der Umgebung, außerhalb. Er führte die kleinen Lurche über Mondlicht und andere Vektoren, die dem Tier in seiner Umwelt Sicherheit gaben. Und das ist etwas, was wir Instinkt nennen, bei den Naturvölkern heißt der Geist „Herr der Tiere" oder „Herrin der Tiere" und die Esoteriker sprechen beim Artgeist von der Gruppenseele oder vom Gruppengeist, der eine Tierherde von außen führt. Woher wissen die Schwalben, zu welcher Zeit und wohin sie fliegen sollen? Sie kommen zurück und bauen Nester. Wer hat sie gelehrt, die Nester zu bauen? Da sagt man, es gibt ja einen Gruppengeist. Das ist eine Intelligenz, die nicht inkarniert ist, aber die zu jedem einzelnen Individuum einen Bezug hat. Im Laufe der Evolution, bei den Säugetieren, kommt dieser Geist immer näher, verkörpert sich immer mehr. Umso wärmer und umso röter das Blut wird, umso mehr geht der Geist hinein. Deswegen ist das Blut auch Geistträger. Und Bären oder auch Schimpansen, auch Wölfe, die sind ja schon fast Individuen, die sind fast Träger von einem individuellen Geist, aber beim Menschen ist der Geist wirklich ein mikrokosmischer Geist, er ist ganz drin. Und daher ist der Mensch praktisch vom Makrokosmos abgesondert, und ich denke, das ist sozusagen die Ursünde in der christlichen Religion im wahrsten Sinne des Wortes. Wir haben uns von der Quelle abgesondert. Das Wort Sünde ist verwandt mit dem Wort „sondern" und „zerschneiden, trennen". Wir haben uns abgetrennt, wir sind individuelle Geister geworden, und was wir jetzt machen und tun sollten ist, den Weg wieder zu finden, zu diesem Ursprung, und gleichzeitig individuelle Geistträger zu bleiben. Aber in der Evolution ist es so, da fängt der Australophitecus an, mit Feuer zu spielen und grobe Werkzeuge herzustellen, und dann, beim Homo erectus, wird es immer stärker. Es fängt ein inneres Feuer an zu glühen. Dann beherrschen sie das Feuer, dann beherrschen sie die Handfertigkeiten, die Techniken, dann kommt die Sprache hinzu, und es ist wie eine fortschreitende Verkörperlichung des Geistes. Man kann es Evolution nennen. Das, was wir heute Evolution nennen, ist nur ein kleiner Ausschnitt, und wir fokussieren uns nur auf die physikalischen, empirischen Zeugnisse, und das ist keine richtige, tiefe Sicht. Aber wenn der empirische Wissenschaftler ehrlich und nicht auf irgendeinem Egotrip ist, dann leistet er einen ganz wichtigen Beitrag zum Verständnis des Ganzen.

Wie finden wir unseren Weg zurück zum Ursprung? Kannst Du da etwas empfehlen?

Ich weiß nicht, ob wir von uns aus zurückfinden. Zu mächtig sind die Täuschungen und Illusionen, denen wir erliegen. Maya nennen das die Inder. Aber ich bin überzeugt, auch wenn wir den Weg nicht finden, der Weg findet uns. Das ist sicherlich eine der Zentralbotschaften des mystischen Christentums. Gott liebte die Menschen so sehr, dass er seinen Sohn in die Materie hineinopferte, um sie wieder zurückzubringen, um das Auseinandergebrochene zu heilen. Oder, indisch betrachtet: die Welt, das Universum entspringt der Meditation Shivas. Shiva, das göttliche Selbst, gießt sich hinein in die Welt und vergisst dabei sein wahres Wesen, seinen Ursprung. Und der ganze Sinn der Weltenevolution besteht darin, dass allmählich die Wesen ihr göttliches Selbst wieder realisieren. Die Wege und Abirrungen der Evolution sind keine Irrwege. Es sind Abenteuer des Geistes. Abenteuer des göttlichen Geistes, der sich dabei vervielfältigt und individualisiert. Die Materie wird dabei durchgeistigt, bewusst und schließlich Selbst-bewusst. Auf dem langen Weg zurück zum göttlichen Urquell nehmen wir alle unsere Erfahrungen mit. Wir sind reif für die Heimkehr, für die *Re-ligio,* wenn wir sagen können, „Göttliches Selbst, übernimm du die Führung" und wenn wir bereit sind unseren klugen, aber in Wirklichkeit blöden Eigensinn, unser beschränktes Ego zu opfern. Da ist es auch egal, ob wir das göttliche Selbst, das vor allem im Herzen wohnt, Christus, Krishna, Bodhisattva, Kali oder wie auch immer nennen.

Kapitel 4:

Ein Blitz in der Nacht – Das aufbrechende Bewusstsein

Wann ist einem Hominiden zum ersten Mal bewusst geworden, dass sein Leben vergänglich ist, dass er sterben wird? Tiere scheinen dieses Bewusstsein ja nicht in diesem Ausmaß zu haben wie wir.

Nun, das wissen wir nicht. Wenn hier auf unserem Hof in der Meute ein Hund zu Tode gekommen ist, merkt man schon, dass die anderen ihn vermissen und dass sie ein bisschen traurig sind. Wir wissen das nicht, vielleicht projizieren wir nur. Die ersten richtigen Bestattungen, also aufwendige Bestattungen mit rituellen Elementen, wie den Körper mit Ocker beschmieren, den Toten auf Kräuterbetten bestatten, das ist schon bei den Neandertalern zu finden. Die Toten wurden nicht einfach liegen gelassen. Wahrscheinlich wurde aber nicht spekuliert und nachgedacht, sondern es wurde gesehen, was sich im Trans-sinnlichen, im Jenseitigen abspielt. Das gibt es ja immer noch: Es wird gesehen, wie sich die Seele oder das Wesen vom Körper loslöst, und das ist eine der bekannten schamanischen Fähigkeiten, die Seele auch wieder zum Teil zurückzurufen – manchmal so stark in den Körper zurückzurufen, dass der Sterbende ins Bewusstsein erwacht und noch Dinge sagen kann. Auch dass die Gruppe oder die Gemeinschaft mit dem Toten beim Sterbeprozess mitgeht und zum Teil auch mit in die andere Welt reist und ihn ein Stück weit begleitet und das mit dem „inneren Auge" sieht, das ist universal. Nur in einer spirituell blinden Gesellschaft wie der unsrigen, nimmt man das nicht mehr wahr.

Aber die ersten Begräbnisrituale deuten schon darauf hin, dass man sich des Todes bewusst geworden ist?

Ja, schon. Ocker ist ein roter Hämatit. Das ist die Farbe des Blutes und des Lebens, und es hat, wie auch die australischen Ureinwohner sagen, dieselbe Schwingung wie Blut. Und sie reiben ihren Körper damit ein, um sich mit dem Erdmagnetismus besser verbinden zu können. Ich habe das selber gemacht am ganzen Körper, alles, Kopf, Haare bis zu den Zehen, und dann habe ich gespürt, dass man ganz sensibel für die elektromagnetischen Felder der Erde ist. Man wird sensibel und offen. Bei den Beerdigungsritualen vieler Kulturen spielt Ocker eine Rolle, die Toten werden damit eingerieben, auch schon bei den Neandertalern. Heilkräuter werden mitgegeben, also Gesundheit und Heil. Auch das schon bei den Neandertalern, da findet man Grabbeigaben, Werkzeuge und Andeutungen von Nahrungsbeigaben und Blumen. Es kann ja sein, dass immer Nahrung mitgegeben wurde, damit die Toten auf dem Weg etwas zu essen hatten, denn man sah sie ja auf den Weg gehen. Viele Hellsichtige sehen das heute noch. Das war der Sinn der Totenwache in unserer Kultur. Man saß da, der Tote war noch da, und man wachte mit ihm. Drei Nächte, jeweils die ganze Nacht, und der Verstorbene erschien den wachenden Hinterbliebenen. Das sind Wahrnehmungen von einer nicht äußerlichen Art, aber es sind echte Wahrnehmungen. Es sind keine Halluzinationen. Der Verstorbene erscheint dann meistens in jugendlicher Gestalt. In schöner jugendlicher Gestalt und in bester Gesundheit. Auch wenn er versehrt oder ganz alt und klapprig war. Er erscheint in seiner jugendlichen Gestalt und kann den Menschen, die er liebt und die ihn lieben, noch letzte Dinge mitteilen. Dinge, die man vielleicht während des Lebens nicht sagen konnte. Und so ungefähr nach drei Tagen geht er dann weiter, und er kann dann überall in der Welt erscheinen.

Er kann Dinge wahrnehmen, und das dauert ungefähr vierzig bis fünfzig Tage, und dann geht er weiter hinaus. Aber das wird erlebt. Das habe ich in Indien ganz stark bei den Leichenverbrennungen erlebt, die ja öffentlich sind, da ist ja sehr vieles öffentlich. Auch Zähne putzen, Haare kämmen oder sich zu waschen findet im indischen Dorf öffentlich statt. Auch bei der morgendlichen Darmentleerung, da hockt man da mit den Freunden, die Männer alle zusammen oder – mehr versteckt – alle Frauen zusammen, und redet miteinander. Dann kommen die Dorfschweine und Hunde und fressen die Häufchen weg oder es bleibt als Düngung einfach liegen. Aber auch Verbrennungen, auch das Sterben ist nichts Heimliches. Die Toten werden auf einen Feuerstoß gelegt und man kann zusehen. Verstorbene junge Frauen sind in rote Tücher eingewickelt, die anderen in weiße. Die Verwandten sitzen da, und sie schneiden ihre Haare, bis auf ein kleines Büschel, so ein kleines Schwänzchen am Hinterkopf, das bedeutet, dass man noch mit der Erde und der hiesigen Wirklichkeit verbunden ist. Man opfert die Haare, damit die Toten einen nicht mitziehen. Es ist ja auch bei uns oft so, wenn nach einer langen Ehe ein Partner stirbt, dann dauert es nicht lange, dass der andere Partner nach ein paar Monaten oder Wochen mitgezogen wird. Das ist auch fast universal: ein Haaropfer, das man der geistigen Welt gibt. Es ist eine Art Ersatzopfer, ein *pars pro toto*. In Indien sitzen die Verwandten beim Toten, und der älteste Sohn holt sich das Feuer von den Hütern des Feuers, den Unberührbaren. Er holt sich das Feuer mit einem Büschel heiligem Gras und brennt damit die Leiche an. Die Leute sitzen da in tiefer Trance.

Als ich das erste Mal als Ethnologe am Ganges war, habe ich das Leichenfeuer erst gar nicht gesehen, sondern nur gerochen. Es roch wie am 4. Juli in Amerika, dem Nationalfeiertag, wenn Barbecue gemacht wird, und ich dachte, das sind doch Vegetarier, was ist denn das hier? Dann sah ich die brennende Leiche, und das war auch wieder so ein magischer Moment. In dem Moment, wo ich hinschaute, schnellte sie hoch, da mussten ein paar Bänder im Rücken durchgebrannt sein, das Gesicht brannte und die Haut war weg gebrannt, das sah aus, als lächelte sie mich an. Ich war ganz schockiert und ein alter Inder sagte zu mir: „Du musst das anschauen, denn burning is learning." Das Brennen ist eine Lehre, es will dich etwas lehren. „Cremation is education." Ja, und dann habe ich mich auch hingesetzt. Später habe ich sehr oft dabei meditiert. Und was man da sieht, das wird gemeinsam gesehen, das sind nicht subjektive private Fantasien. Die Seele, in dem sie sich von den Körperhüllen befreit, nimmt die Gestalt Gottes an. Im Westen sieht man vielleicht Engel oder den Heiland, der die Seele entgegennimmt. In Indien ist es der Teil der göttlichen Trinität, die mit Zerstörung und Auflösung von Wahn und Illusion zu tun hat, und das ist Shiva. „Shiva" bedeutet eigentlich der Gnädige, der Gütige. Shiva ist auch der Tänzer, Nataraja. Und der tanzt auf der Leiche. Das ist die Seele selber, die in dieser Gestalt so heraustanzt. Selbstverständlich hat Gott an sich nicht diese Gestalt, sondern er erscheint den Menschen lediglich im zeitlichen und kulturellen Kontext in dieser Gestalt. Und so tanzt die Seele wie ein wirbelnder Shiva aus dem leblosen Körper heraus, mit dem Dreizack, mitten im Feuer. Das ist übrigens ein Bild, das dann im Westen bei den Muslimen und auch bei den Christen zum Bild des Teufels wurde. Was da noch um die sich herauswindende Seele herumtanzt sind lauter kleine Dämonen. Also grässliche

Fratzen, die tanzen da alle mit. Das sind die Begierden, die Boshaftigkeiten, die unerfüllten Wünsche, die sich dann von der Seele oder von dem Menschen lösen und eine eigene Gestalt annehmen und selber tanzen.

Noch einmal zurück zur Erkenntnis der eigenen Sterblichkeit: Führt diese Erkenntnis automatisch zu einer Suche nach dem Sinn?

Das glaube ich nicht. Die christliche Kultur – ich will nichts gegen Christen sagen, es gibt zum Teil wunderbare Einsichten und Erkenntnisse – hat im Grunde genommen etwas ganz Natürliches wie den Tod zu einem Angstgegenstand gemacht. Für viele Völker ist das Weggehen zwar – sagen wir mal – traurig, aber es ist etwas so Natürliches wie die Geburt. Wir leben jetzt in einer Zeit, wo nicht einmal mehr die Geburt etwas Ekstatisches oder Natürliches ist. Die Geburt ist bei den meisten Naturvölkern eine Form der weiblichen Initiation. Bei der männlichen Initiation werden die Jungs meistens in den Busch geschickt. In Australien werden giftige Rauschkräuter eingeflößt und ein paar Zähne rausgeschlagen, um die jungen Männer an den Rand zu bringen, um die Seele zu öffnen. Dann kann der Wandel zum Erwachsenen auch stattfinden. Oder der Jugendliche läuft splitternackt in die Wüste, und nach einem Jahr kommt er zurück. Das kannten die Germanen auch: der Berserkergang oder der Wolfsgang. Da wurden Jungen mit einem Messer in die Wildnis geschickt und die haben dann vielleicht einen Wolf oder einen Bär erlegt. Sie haben wie Wilde gelebt und haben die Wildnis in der eigenen Seele kennengelernt und dadurch ihre kindlichen Ängste und Befürchtungen überwunden. Dann konnten sie zurückkommen und Träger der Gesellschaft sein. Sie hatten dann keine irrationalen Ängste mehr, auch keine Angst vor dem Tod. Angst vor dem Tod ist so eine anerzogene, eine westliche Illusion. Aber die Gelassenheit dem Tod gegenüber gab es bei uns auch. In meiner Kindheit wohnten wir als Flüchtlinge in Oldenburg in so einem kleinen Zimmerchen mit Küche und Klo, das wir mit anderen teilten. Und da war ein alter Mann, der alte Groth, der mir fast einen Großvater ersetzte. Oh, der war rüstig, ziemlich gesund, erzählte mir Geschichten aus alter Zeit, noch aus dem Ersten Weltkrieg erzählte er Geschichten. Keine Heldengeschichten, aber was er erlebt hatte. Und eines Tages sagte er zu seiner Tochter: „Heute sterbe ich, ich steh nicht auf. Heul' nicht rum, wenn es so ist, es ist meine Zeit, zu gehen." Die Tochter ist zur Arbeit gegangen und als sie zurückkam, war er tot. Das gibt es. Das ist kein Angstverhältnis. Höchstens vor einem unzeitlichen Tod oder vor einem qualvollen Sterben kann man sich fürchten, aber nicht vor dem Tod, der ist natürlich.

Wir haben auch eine Freiheit gegenüber dem Tod. Wir sind da souverän und brauchen keine Angst zu haben. Wie heißt es im alten Deutsch, Freund Hein, oder? Der Tod kann auch ein Freund sein. Und der Tod ist auch jemand, der nach getaner Lebensarbeit kommt und sagt: „Komm, nun ruhe dich aus." Als Menschen kommen wir mit einer Aufgabe, die durch unser Karma gegeben ist, in die Welt. So als würden wir am Tag vorher einschlafen und denken: „Och, Mann, ich hätte ja noch den Stall ausmisten sollen, und ich hätte ja noch Soundso danken sollen, aber ich bin so müde, ich schlafe ein." Und dann am nächsten Tag – in einem neuen Leben – da weiß man, dass man noch hingehen und sich bedanken muss und auch der Stall muss ja noch ausgemistet werden. Und das macht man dann.

Heutzutage sind die Menschen sehr verwirrt und wissen oft gar nicht, was ihre Lebensaufgabe ist. Das ist im Existenzialismus schon zur Philosophie geworden. Das ist die blödeste und destruktivste Philosophie, die ich mir denken kann.

Macht denn der drohende Tod den Menschen nicht nachdenklich? Und fragt man sich nicht angesichts dessen, dass wir irgendwann einmal diese Erde wieder verlassen müssen, nach dem Sinn dieses ganzen Lebens?

Für manchen mag das so sein. Für die Indianer, die ich kannte, oder die Inder ist das nicht so. Tod und Leben gehören zusammen. Ich sehe das eher wie das Müdewerden am Ende des Tages und sich hinlegen, um zu schlafen. Oder in die Stube zu gehen, wenn es anfängt zu regnen. Den Sinn des Lebens tragen wir sowieso in uns, ganz tief. Grübeln und angsterfülltes Nachdenken wird ihn nicht erschließen.

Meinst du, dass da die Suche nach Sinn schon eine Degeneration ist? Anstatt einfach Sinn zu haben?

Das ist sehr präzise formuliert. Das kann es sogar sein. Wir kommen hierher mit einer Aufgabe und mit Begabungen. In allen germanischen Traditionen war es so, dass Göttinnen oder Nornen – oft sogar physisch vertreten durch die Hebamme oder alte Tanten – bei der Geburt zugegen waren und sagten, das Kind hat diese oder jene Begabungen. Die Begabungen sind da. Man muss erkennen, was man im Leben zu tun hat. Bei den Indianern ist das sehr wichtig. Da gehen sie in die Wildnis, die jungen Leute, und setzen sich vier Tage hin, ohne Feuer, ohne Essen und meistens trinken sie auch nichts. Sie sitzen da, am Anfang ein bisschen nervös, vielleicht laufen sie auch mal ein bisschen in der Wildnis herum. Meistens sitzen sie auf dem Erdboden oder auf einem Stein. Und dann, nach dem zweiten, dritten Tag, da fangen sie an, sich von der Welt, der alltäglichen Welt, und dem Körper zu lösen. Und dann kommen Geisthelfer, sprechende Tiere. Beim alten Bill Tall Bull, diesem Medizinmann, der mein bester Freund bei den Indianern war, da kam ein Kojote und hat mit ihm gesprochen. Also äußerlich gesehen, heißt es ja nur, da sitzt ein Indianer, hat Glukose-Mangel im Hirn und halluziniert. Vielleicht kommt tatsächlich ein Kojote und schaut ihn an und schnuppert ihn an und merkt, in dem Hirn da sind nur Alphawellen, da ist keine Gefahr, also setzt er sich vielleicht hin und guckt ihn an. Das innerliche Bild ist aber folgendes: Der Kojote spricht mit der Seele, und zwar eine Sprache, die man verstehen kann. Tiere können auf anderen Ebenen sprechen. Und da sagte der weise, noch mit den Göttern verbundene Kojote zum Beispiel zu Bill Tall Bull: „Du Mensch, du hast eine Aufgabe im Leben. Du bist ein Botschafter zwischen den verschiedenen Stämmen und vor allem zu dem grünen Volk, den Pflanzen." Und das war dann der Pflanzenkundige im Stamm. Mit dem hatte ich dann auf dieser Ebene eine Verbindung. Wir sind losgegangen und haben uns mit den Pflanzen beschäftigt und mit den Pflanzen gesprochen. Nach dieser Vision wusste er, wer er war und was seine Aufgabe war, und er hat das sein Leben lang treu getan. Da war kein Zweifel in ihm. Da war keine Suche nach Sinn oder so. Die vielen Anthropologen wie Edward Taylor und James Frazer, die sagen ja, der primitive Urmensch sieht, dass da jemand tot daliegt und fängt dann an zu grübeln. Aber das ist nur eine Spekulation. Die haben nicht gegrübelt, die haben gesehen. Das kennt man auch in der indischen Philosophie. Am Anfang der Kultur waren Seher, die Rishis.

Nur kurz am Rande. Sigmund Freud soll mal gesagt haben: „Was ist der Sinn des Lebens? Wer so fragt, ist schon krank." Und das finde ich eine ganz interessante Formulierung.

Das ist ja toll vom Freud.

Hast du eine Idee, wie sich das Bewusstsein entwickelt hat? Wie der Mensch dazu gekommen ist, ein Bewusstsein seiner selbst zu erlangen? Hängt das mit der Sprache zusammen? Wenn man „ich" sagen kann, dass sich dann auch ein Ich-Bewusstsein entwickelt? Das ist so wie die Frage nach dem Huhn und dem Ei, glaube ich.

Ja, das sagen viele, das mit dem Ich-Bewusstsein. Die Anthroposophen sagen, dass die Inkarnation des Geistes vollkommen ist, wenn der Mensch „ich" sagen kann. Könnte sein, könnte gut sein. Aber in der indischen, der vedischen Philosophie ist der Ich-Sinn, Ahamkara, von Anfang an da. Sogar die Götter streiten am Anfang. Vishnu liegt auf dem Weltenmeer und wacht auf aus dem Schlummer auf dem Urozean. Die Urschlange ist über seinem Kopf wie ein schützender Schirm, und er wacht auf, und zur gleichen Zeit wächst aus seinem Nabel der Lotus, und Brahma, der Schöpfer, erscheint. Und dann ist schon der Zoff da, sie streiten, wer hier der Erste ist. Na, ich bin der Schöpfer, du bist nicht der Erste. Ahamkara ist von Anfang an angelegt und jedes Wesen versucht, sich zu erhalten, und jedes Wesen hat irgendwie einen Erhaltungstrieb und einen Ich-Trieb.

Welchen evolutionären Vorteil bietet das Bewusstsein dem Menschen?

Also ich persönlich bezweifle, dass Tiere nicht auch irgendwie wissen. Sie versuchen ja auch, sich selber zu erhalten. Sie erleben sich ja auch, zwar als Teil der Herde oder Teil der Meute. Wir nennen das, weil wir es nicht besser können, Instinkte. Der Gruppengeist führt sie, aber trotzdem gibt es so etwas wie ein Selbst. Ich sehe das bei meinen Hunden. Wenn denen irgendwas wehtut, machen sie sich Sorgen um sich selber. Also ob es Unterschiede im menschlichen und tierischen Bewusstsein gibt, kann ich nicht so gut unterscheiden. In unserer Kultur sind wir geprägt von dem westlichen Humanismus, der alles auf den Menschen fokussiert. Das ist nicht universal. Anders zum Beispiel im klassischen China. Wenn man da die Gemälde sieht: riesige Landschaften und der Mensch ist immer ganz winzig, ein Menschlein. Oder bei den Indianern: Die Pflanzen, das grüne Volk, die sind genauso ein Volk wie das Hundevolk, das Büffelvolk oder das Ameisenvolk. Die haben ihre Häuptlinge und ihre Wünsche und ihren Selbsterhaltungstrieb und ihre Begabungen. Da ist nicht der Mensch die Krone der Schöpfung. Er ist auch nicht der Einzige, der irgendwie ein Bewusstsein oder Selbstbewusstsein hat. Auch Pflanzen und Steine haben für die Indianer ein „Bewusstsein". Vielleicht ist unser Selbstbewusstsein so extrem ausgeprägt und abgekapselt, dass es zu einem Ego geworden ist. Aber ich sehe da nicht so ein entweder Dies oder Das.

Also kein evolutionärer Vorteil durch das Bewusstsein unserer selbst?

Haben Bakterien und Viren Bewusstsein? Oder Pflanzen? Nach unseren Kriterien nicht. Sie haben ja kein Nervengewebe, keine Neuronen, und dennoch sind sie evolutionär recht erfolgreich. Der Evolutionsgedanke entstand im bürgerlichen England, wo Händler und Geschäftsleute die Elite ausmachten, vielleicht ist das Denken über einen möglichen Vorteil Händlerdenken? Es kann aber auch gut sein, dass die Menschen eine ganz besondere Art des Bewusstseins verkörpern. In der indischen Philosophie gehört Bewusstsein, ebenso wie die Wonne und das Leben, mit zum Sein an sich. Der Mensch hat lediglich Teil an dem universellen Bewusstsein.

Homo sapiens heißt ja wörtlich „der weise Mensch". Siehst du Weisheit im Menschen oder wenigstens das Potenzial dazu?

Ja, wenn man sieht, wie wunderbar Körper, Geist und Seele sind, das ist ja voller Weisheit. Aber diese Weisheit ist überall. Das ist so eine Selbstbespiegelung, dass man sagt: „Ja, klar, wir sind die Weisesten, wir wissen alles."

Heutzutage wissen wir nicht mehr, was Weisheit ist. Wir denken, das bedeute, einfach viel zu wissen. Aber Wissen ist etwas anderes als Weisheit. Wir leben in einer Welt voller Fakten und Informationen, aber wir haben nicht mehr eine tiefe Weisheit. Wir werden von Fakten nur so erschlagen. Für die Indianer sind die Tiere weise, weil sie sich im Einklang mit der Natur, mit der Schöpfung befinden; sie sind verbunden. Und unser Wissen ist oft nicht verbunden. Wir bauen Kühlschränke, aber die produzieren FCKW und machen dann die Ozonschicht kaputt. Das ist nicht weise, das ist wissend. Unsere Technologie ist aus Wissen entstanden und nicht aus Weisheit. Die Weisheit weiß um die tieferen Zusammenhänge und macht diese Fehler nicht. Der amerikanische Komödiant Mel Brooks sagte einmal: „Very intelligent but stupid." Und ich denke, das ist ein wunderbarer Ausspruch. Und wenn man all die klugen Maßnahmen für die Entwicklungshilfe sieht. Da wird dann in Hütten irgendwelches DDT gesprüht. Dann verenden die Insekten, aber dann sterben auch die Katzen. Also nehmen die Ratten zu, und die Häuser fallen zusammen. So etwas ist schon geschehen. Da gibt es Tausende von solchen Beispielen, und das ist zwar alles sehr klug, aber es entbehrt der Weisheit.

Kann man das menschliche Bewusstsein auch als besondere Gabe, als besonderes Geschenk an die Welt betrachten? Unser Bewusstsein befähigt uns ja, die Schönheit, die uns umgibt, bewusst wahrzunehmen und zu würdigen.

Ja, das ist eine wunderbare Frage. Heutzutage hat man ja Fantasien, wie die Welt ohne Menschen wäre und wie wunderbar das wäre und dergleichen. Aber dieses analytische Denken sieht den Menschen als etwas anderes als die Natur, also außerhalb, und nicht als Teil der Natur. Wir sind Kinder der Natur, wir sind Geschöpfe des Himmels und der Erde wie die Pflanzen und die Tiere auch. Und wenn man die Gaia-Hypothese ernst nimmt, dass die Erde ein lebendes Wesen ist, dann ist das zweite Korrelat dazu, dass jedes Lebewesen wie ein Organ ist, also jede Art ist wie ein Teil des riesigen Organismus. Dass zum Beispiel Pflanzen wie die Leguminosen, die Schmetterlingsblütler, Stickstoff einatmen und dem Boden damit helfen, das ist ihre Aufgabe. Jedes Tier hat in der Ökologie seine Aufgabe, und der Mensch ist auch nicht abgesondert. Vielleicht ist es so, dass sich die Natur durch den Menschen selber erkennt. Ich habe lange am Meer meditiert, ich gehe gerne ans Meer, und Wellenreiten war eine meiner Leidenschaften. Und das Meer kam mir vor wie ein hyperbewusstes Wesen. Das bekommen wir gar nicht hin zu begreifen, wie alt und weise und bewusst das Meer ist. Und das Meer wollte sich selber sehen und erkennen, und so entließ es das Leben aus sich heraus und auch den Menschen. Und unser Blut hat dieselbe Konsistenz wie Meereswasser, was das Salzverhältnis angeht. Wir sind kleine Tröpfchen des Meeres, aus dem Meer herausgekommen. Wir Menschen haben ein besonderes Bewusstsein, das ist unsere Begabung, deswegen haben wir diese großen Köpfe. Und wir schauen auf das Meer zurück und sagen: „Oh, wie schön!“ Und es ist das Meer selber, das sich durch uns selbst erkennt. Wir haben eine Aufgabe, eine große Aufgabe. Wir sind die Schöpfung, die sich in dem Sinne selbst erkennt. Und wenn wir nicht da wären, würde ein Organ fehlen. Wir gehören dazu, wir haben unsere besondere Aufgabe.

Kannst du dir vorstellen, dass andere Arten, andere Menschenaffenarten, sich ähnlich wie wir entwickeln werden?

Das glaube ich nicht. Die sind auf einer anderen Abzweigung, die haben nicht diese extreme zerebrale Entwicklung mitgemacht. Vielleicht sind sie ein Teil des Waldes und tragen das Waldbewusstsein.

Sind wir denn die einzige Tierart, die Schönheit wahrnehmen kann?

Das glaube ich überhaupt nicht. Denn die Tiere machen sich zum Beispiel schön, um attraktiv zu sein. Sie sehen das. Die Weibchen suchen sich den Schönsten aus. Und ich habe mal meinen Schäferhund gesehen, wie er am Morgen dasteht und den Vögeln zuhört. Also das hat kein darwinistisches Überlebensmotiv, ich hatte ganz den Eindruck, er nimmt es wahr und findet es schön. Die Hunde singen manchmal zusammen, und das ist wie ein Chor. Alle heulen zusammen, das findet man ja auch bei Wölfen. Ich denke schon, dass die Tiere Schönheit empfinden. Ich denke, Schönheit gehört mit zum Sein. Warum nicht? Warum sind die Pflanzen schön? Ja, vielleicht auch, um unsere Seele zu erfreuen. Es tut gut. Wenn man die Erde als einen Organismus, als Gaia, sieht, hält sie uns durch ihre Schönheit auf guter Gesinnung, auf gutem Kurs, und deswegen bringt sie auch zum Teil psychedelische Pflanzen hervor, die beim Menschen eine große Rolle spielen. Oder Heilpflanzen, damit der Mensch nicht krank ist und krankhafte Ideen hat oder sich verrückt und zerstörerisch verhält. Warum produzieren zum Beispiel Heilpflanzen alle möglichen Glykoside und Alkaloide und dergleichen? Vielleicht, um Fressfeinde abzuhalten, aber es gibt immer wieder Insekten, die trotzdem diese Pflanzen fressen. Das ist kein Argument. Oder es wird behauptet, diese Stoffe seien Produkte des sekundären Stoffwechsels. Die Pflanzen haben keine Nieren und können es nicht ausscheiden. Also lagern sie ihre Abfallprodukte in Form von Alkaloiden ab. Das sind dann verzerrte veränderte Eiweiße oder Glykoside, die dann in ihren Zellen eingelagert oder sozusagen endgelagert werden. Da sie giftig sind, bedeuten sie einen Überlebensvorteil und schrecken Fressfeinde ab. Ich glaube aber nicht, dass das der Hauptgrund ist. Ich denke, wenn man die Gaia-Hypothese ernst nimmt, dass die Erde ein bewusstes Wesen ist, dann kann man sagen, die Pflanzen produzieren das, damit die Tiere und die Menschen gesund bleiben. Denn kranke Menschen fällen krankhafte Entscheidungen. Kranke Menschen fällen Entscheidungen aus Angst und aus Not oder weil das Hirn nicht mehr richtig funktioniert. Diese Menschen werden sehr zerstörerisch und sind nicht mehr Teil der Harmonie.

Es ist wie ein Selbstheilungsprozess der Erde, und wir sind ein Teil davon, wir sind ein Organ davon. Das kann man genauso gut behaupten wie jede andere Theorie.

Kapitel 5:
Das Geschenk der Sprache

Wie entwickelte sich die Sprache? Anatomisch erfordert die Sprechfähigkeit ja einige Anpassungen, wie lange hat das gedauert und welche anderen Entwicklungen mussten dafür zurückstecken?

Früher hat man gedacht, dass die Urmenschen so primitiv und affenmäßig waren, dass sie nicht sprechen konnten. Die Affen haben ja einen zu schmalen Kehlkopf, und so dachte man, dass erst der Homo sapiens oder Cro-Magnon-Mensch reden konnte. Aber man hat ein Zungenbein eines Neandertalers gefunden. Der Sprachraum war groß genug, der Kehlkopf, der Mundraum, die Beweglichkeit der Zunge – das war alles sicherlich schon beim Neandertaler da.

Das ist ein Erbe aus der Steinzeit, und ich denke, die Beherrschung des Feuers, die Herstellung echter Werkzeuge und die Sprache, die sind wie durch einen Quantensprung entstanden, im Altpaläolithikum. Vermutlich geschah dieser Sprung beim frühen Homo erectus.

Das mit der Sprache sieht man heute so: Der Sprachapparat war da, und die Lautsignale wurden dann zunehmend komplizierter. Andere Möglichkeiten sind, dass die Sprache eigentlich schon immer da war und dass auch die Tiere sprechen und dass auch die Pflanzen sprechen. Das habe ich bei den Indianern gelernt, für die ist das kein Problem. Pflanzen können sprechen, aber man sitzt nicht neben einer Pflanze oder einem Tier und hört dann physisch eine Stimme, aber im Zustand der Trance, da kann man die Tiere verstehen. In unserer Kultur in Europa hieß es, dass besonders zur Christnacht die Tiere im Stall reden können, und da ist man dann in der Christnacht zur

Meditation hingegangen. Die Bauern waren meistens sehr müde, saßen da und haben tatsächlich die Tiere gehört. Beim Menschen hat sich die Sprache dann allmählich inkarniert und ist zum äußeren Wort geworden, aber die Sprache an sich, die Weisheit der Natur, die Intelligenz der Natur, war schon immer auf einer übersinnlichen Ebene vorhanden. Im Laufe der menschlichen Entwicklung hat sich die Sprache dann so tief im Menschen eingewurzelt, dass sie veräußerlicht werden konnte.

Es scheint so zu sein, dass die Tiere nur das wahrnehmen, was ihnen wichtig ist, also wo sie ein Weibchen oder ein Männchen bekommen, ob Futter da ist und so weiter. Darauf richten sie ihre Wahrnehmung, ihre Aktivität und auch ihre Signale, Laute oder Gesten. Nichts Abstraktes, alles in Bezug auf das Hier und Jetzt.

Was bedeutet die Entwicklung der Sprache für den Menschen?

Für die meisten modernen Menschen ist die Wirklichkeit die Sprachwirklichkeit. Wie kann ich zum Beispiel die unendlichen Nuancen von Grün, die es in der Vegetation gibt, sprachlich beschreiben? Ja, also ein leichtes Grün, helles Grün, Frühlingsgrün, Olivengrün oder so. Die Bilder, die die Sprache hervorbringt, darf man nicht mit dem verwechseln, was wirklich ist. Wenn ich über einen Baum schreibe, dann ist das nicht der Baum. Leider ist das etwas, was heutzutage sehr oft verwechselt wird. Ich habe den Eindruck, unsere Gesellschaft kränkelt an dieser Verknüpfung und Versprachung und kann nicht still sein. In Indien habe ich Menschen kennengelernt, Sadhus, die sich wieder verbinden wollen mit dem Wesensgrund, die die Sprache genauso abgelegt haben wie ihre Kleidung und alles, was ihnen gesellschaftlich angehängt wurde.

Ihre Kastenzugehörigkeit, ihre sozialen Bindungen, ihren Namen, all das. Ich kannte einen Sadhu, der saß oberhalb vom Ganges und konnte so stark telepathisch kommunizieren, dass er keine Sprache brauchte. Nicht nur mit Menschen. Der konnte mit den Tieren reden, da kamen die Vögel, die Affen, die Eichhörnchen und setzten sich zu ihm. Er hat sie ein bisschen gefüttert und, wenn er selber Hunger hatte, den Gedanken rausgeschickt: „Irgendjemand, bring mir mal ein paar Chapati oder ein bisschen Reis." Da kam dann jemand und brachte was zum Essen. Er lebte völlig sprachlos. Nicht, dass er nicht sprechen konnte. So etwas gibt es.

Bei den alten Germanen gab es das Thing (Ding), wo sich alle Freien im Kreis trafen, meistens bei Vollmond unter dem Weltenbaum, der immer eine Eiche war, nicht wie man glaubt, eine Esche. Die Esche, die in der Edda erwähnt wird, war der Einweihungsbaum der Schamanen, die sich Odin geweiht hatten. Unter der Eiche wurden Angelegenheiten vorgetragen, Probleme benannt und ein „Ding" daraus gemacht. Der Häuptling hat sich alles angehört und dann die gemeinsam beschlossene Entscheidung bestätigt. Dazu schlug er mit einem Hammer drei Mal. Bong, bong, bong. Der Hammer symbolisierte Donar, den Blitzgott, der auch für die Erleuchtung, also den Gedankenblitz zuständig war. So wurden durch das Aussprechen, durch die Sprache, die Sachen zum Ding gemacht. Das Wort denken, thinking, thing hängt alles damit zusammen; auch danken, thank, wenn man jemand wirklich dankt, trägt man ihn in den Gedanken. Man hält ihn im Dasein, man vergisst ihn nicht, man lässt ihn nicht gehen. Und mit der Sprache hält man Dinge im Bereich des Daseins und entlässt sie nicht. Bei den indoeuropäischen Völkern, sagen wir mal den Ariern, da gab es die periodischen großen Opferfeste. Da wurden Rinder und alle möglichen anderen Tiere geschlachtet und von den Priestern zerlegt. Man sah die ganze Schöpfung als ein Stier oder ein Urwesen, das sich selber geopfert hat, dann zerteilt und zerstückelt wurde. Durch diese Zerteilung der ursprünglichen Einheit ist die Schöpfung entstanden, aus dem Einen ist das Viele geworden. Das Opferfest diente also der Verstärkung der ursprünglichen Schöpfung, es ist eine Wiederholung des Uropfers, ein Welterhaltungsritual. So heißt das in der Ethnologie. Da symbolisiert der Stier das Universum, er wird geopfert, und dann werden die Teile mit Worten benannt und hervorgehoben, und so wird die Schöpfung periodisch erneuert. Die Sprache ist sehr wichtig, sie lässt Dinge erscheinen oder eben nicht. Sie ist im Grunde genommen Teil des menschlichen Wesens.

Bei den Indianern ist es hingegen so, dass die relativ wenig reden. Bei den Medizinleuten oder denjenigen, die viel Verantwortung tragen, da wird fast gar nicht geredet. Und als ich mal mit dem alten Medizinmann Elk Shoulder da saß und aß, hat keiner was gesagt, die ganze Runde war still. Ich dachte, das ist aber eine peinliche Stille hier. Weil wir aus so einer verbalen, vokalen Gesellschaft kommen. Und da begann ich, übers Wetter zu reden und so, und der alte Medizinmann legte seinen Löffel hin, schaute mich an und sagte: „Wenn wir Indianer laufen, dann laufen wir. Wenn wir Indianer sitzen, dann sitzen wir. Wenn wir Indianer essen, dann essen wir und wenn wir reden, dann reden wir!" Ich will nicht sagen, dass es besser oder schlechter ist. Das sind einfach kulturelle Unterschiede. In Frankreich könnte man sich nie erlauben, beim Essen keine gepflegte Kommunikation zu betreiben. In Preußen hätte man das schon gekonnt.

Da wurde gegessen, und da hieß es: „Jetzt wird nicht gequatscht, jetzt wird gegessen.“ Und da wurde dann in Stille gegessen. Das Essen wird so zu einer Meditation.

Das Reden ist genauso eine Erfindung, eine Erbe der Steinzeit, wie auch die Werkzeuge und die Feuerbeherrschung. Durch das Wort ruft der Mensch etwas aus dem Sein ins Dasein. Aus dem amorphen Hintergrund in die Erscheinung. In dem Sinn ist der Mensch wie ein kleiner Schöpfer. In Indien beispielsweise heißt es, dass Brahma die Dinge aus der Tiefe hervorholt. Sie sind immer da, in der Tiefe, und seine Shakti, seine Energie, sein weiblicher Aspekt, das Wort, benennt sie, und dann sind sie da.

Dieses Benennen, das erlebe ich immer wieder bei meinen Kräuterwanderungen, da kommen die Leute aus den Städten und für die ist das alles nur Grünzeug, Unkraut und ein paar Bäume und so. Dann sage ich: „Diese Pflanze heißt Weidenröschen.“ Und da tritt das Weidenröschen aus dem Sein, also aus dem Hintergrund, ins Dasein. Es wird durch das Wort gehalten. Es gewinnt an Daseinskraft.

Die Sprache kann aber auch anfangen, ein Eigenleben zu führen, sodass sie nicht mehr verbunden ist. Die Indianer sind sehr darauf bedacht, dass das Wort mit der Wirklichkeit übereinstimmt, stimmig ist. Und die Wahrheit ist immer stimmig. Das kennt man auch aus der indischen Philosophie, dass die Schöpfung zwei Aspekte hat, das eine ist der Gegenstand und das andere ist der Name, der dazugehört. Ein Wesen, ein Mensch, hat seinen Körper, aber mit ihm inkarniert auch der Name, und der Name, der passt zu ihm. Das Problem ist die Buch-Gesellschaft in der westlichen Welt, also diese ganzen Buchreligionen. Die Wortwelt bekommt dann ein Eigenleben und ist nicht mehr verbunden. So wird das Wort immer unwahrer.

Bewusstsein und Sprache befähigen uns „Ich" zu sagen. Welchen Vorteil bietet ein „Ich" in dieser Welt, und warum und wann ist dieses Ego dann solch ein Problem geworden, dass sich jede Religion anschickt, dieses Ego zu überwinden?

In vielen Religionen versucht man, das „Ich" zu löschen oder zu unterdrücken, denn das Ego sondert was ab von der Ganzheit. Dem „Ich" gehört das Wissen, dem größeren Selbst jedoch gehört die Weisheit. Das „Ich" ist jedoch oft vom Selbst abgesondert, es ist selbstbezogen, also egoistisch und schafft auch viele Probleme. Warum gibt es denn da überhaupt ein „Ich"? Das ist die eine wichtige Frage. Vor allem in Südindien gibt es das Bild von Shiva Nataraja, und das ist der vierarmige Shiva, der in einem Feuerring tanzt. Er tanzt die Schöpfung und die Zerstörung. In einer Hand hält er die Trommel, mit der er den Urklang, die Urschwingung erzeugt, die der Schöpfung zugrunde liegt. In der anderen Hand hält er ein Feuer, das diese Schöpfung wieder zerstört. Also Schöpfung und Zerstörung. Ein Fuß ist gehoben und symbolisiert die Leichtigkeit, und ein Arm ist mit der offenen Handfläche nach vorne gestreckt. Das bedeutet: Fürchte dich nicht, es ist alles in Ordnung. Alles ist in Gottes Hand sozusagen, Schöpfung, Zerstörung und so weiter. Der vierte Arm schließlich deutet auf den Fuß und meint: Schau, das ist die Leichtigkeit des Seins. Mit dem zweiten Bein steht er auf einem Zwerg, der da so bösartig und zerknirscht unter ihm liegt. Und dieser Zwerg ist das Ego. Damit sich das Göttliche überhaupt manifestieren kann, braucht es als Basis das Ego, denn sonst wäre zwar alles da, aber es würde sich nicht manifestieren können. Aufgrund der Meditation über diese Ikone vom tanzenden Shiva Nataraja – Nataraja heißt

„König der Tänzer“ – sehe ich das Ego auch als Teil des Ganzen, etwas, was nicht unbedingt bekämpft oder gelöscht werden muss, sondern es ist Teil des großen „Seins“ und hat darin eine wichtige Funktion. Dieser Zwerg darf nicht der Herrscher werden, sondern ist der Schemel für die göttliche Offenbarung. Eigentlich ist der Zwerg auch ein Schamane, der da in Verzückung und in Trance liegt und das Mysterium visionär schaut. Es ist also fast die *conditio humana*, dass der Mensch dank des Egos dieses Erlebnis haben kann, wogegen vielleicht die Tiere mehr im Mysterium eingebunden sind. Aber nicht in dem Sinne, dass sie das als Vision erleben. Das Ego hat also seinen Sinn.

Ich glaube manchmal, dass einige spirituelle Richtungen da einen Schritt zu schnell sind und das Ego schon loswerden wollen, bevor die Schüler überhaupt erst ein gesundes Ego entwickelt haben.

Ja, man muss erstmal etwas haben, um es abgeben zu können.

Wann entwickelte sich zusätzlich zur gesprochenen Sprache die Schriftsprache und was veränderte diese?

Die Schriftsprache, die kam mit Anfang der Zivilisation, mit der Sesshaftigkeit. Als die Menschen sesshaft wurden, war das ein riesiger Wandel. Wir waren Jäger und Sammler, Jäger und Sammlerinnen eigentlich, über Millionen von Jahren, und dann, nur über eine ganz kleine Zeitspanne, wurden einige Völker sesshaft und hatten Besitz. Die Naturvölker haben eigentlich kaum materiellen Besitz, es wird alles geteilt, sie können ja auch nicht so viel mit sich herumtragen. Der Besitz ist bei den meisten Naturvölkern geistiger Besitz.

Wenn die Leute anfangen, Dinge zu besitzen, dann gibt es auch kriegerische Auseinandersetzungen, denn man kann die Felder und Gebäude nicht einfach wegtragen. Jäger und Sammler waren erst mal nicht kriegerisch, und sie haben nicht das Wort schriftlich fixiert. Die Veden wurden zunächst nur gesprochen, und erst als die Gefahr bestand, dass die Verse falsch ausgesprochen wurden und somit die magische Wirkung des Wortes verloren gehen könnte, hat man angefangen, die heiligen Überlieferungen niederzuschreiben. Die Kelten haben sich ebenfalls geweigert ihre Überlieferungen niederzuschreiben.

Bei den Germanen haben Priesterschamanen Buchenstäbe geschnitten und mit magischen Zeichen, Runen, versehen und dann mit Blut oder Ocker gerötet. Und wenn sie die Götter befragt haben, haben sie die Runen geworfen, und zwar auf weißen Leintüchern. Sie haben dann gerätselt. „Rätseln" hat denselben Wortursprung wie das englische „to read", lesen. Und das geschah bei der Buche, da im Buchenhain haben die Götter gesprochen. Die Buche vermittelte ihnen das Wort Gottes, das Raunen der Götter, und deswegen sagen wir Buch und Buchstabe.

Was hältst du von dem Begriff „Vorgeschichte"? Für die Geschichtswissenschaft fängt die eigentliche Geschichte ja erst mit dem Auftauchen der ersten Hochkulturen an.

Ja, das ist wahrscheinlich so. Wir wollen Beweise für Schriftkultur, politische Organisation, Königtümer und dergleichen. Wenn produziert und Überschüsse erwirtschaftet werden, dann muss das auch verteilt werden, da braucht es politische Macht, es braucht eine Krieger-Kaste, die eine Gesellschaft beschützt, es braucht welche, die die Bewässerung organisieren, dann gibt es plötzlich Könige und so weiter. Diese Kompliziertheit beeindruckt, und das ist dann Zivilisation, und das sind dann wir. Die schriftlosen Völker und die sogenannten vorzivilisierten Völker gelten dagegen als minderwertig und rückständig. Deshalb haben die australischen Ureinwohner sehr gelitten, weil ihre Kultur eine Geisteskultur war. Und auch die Indianer, die ich kenne, leiden immer noch. Diese Unterscheidung gibt es, aber ich würde diese Unterscheidung nicht in der Weise werten, dass das Zivilisierte besser sei – eher im Gegenteil. Auch die meisten Seuchen und Krankheiten, Pest und Pocken und dergleichen, treten mit der Zivilisation auf. Auch dass Menschen lesen und schreiben macht sie nicht besser. Die schriftlosen, unzivilisierten Völker nehmen ihre Welt unmittelbar, ungefiltert mit den Sinnen wahr; dagegen trennt eine Wulst von angelesenen Vorstellungen viele Schriftkundige von den Phänomenen. Obwohl ich Bücher schreibe, trete ich ein für das Recht, Analphabet zu sein.

Kapitel 6:
Die Toten ehren – Erste religiöse Riten

Mit dem Bewusstsein der eigenen Sterblichkeit kam auch erstmals die Idee eines Lebens nach dem Tode auf. Waren Begräbnisrituale die ersten religiösen Riten?

Na ja, das sind die ersten Zeugnisse, die die Archäologen finden. Aber ich glaube nicht unbedingt, dass das die ersten Riten waren. Was sind Riten? Was sind zum Beispiel diese schamanischen Riten? Das sind Techniken, archaische Techniken, die verwendet werden, um das Bewusstsein auf eine andere Ebene zu bringen. Also vom Alltag runterzuschalten zum Beispiel, damit man offener wird oder um in eine Art Trancezustand kommen zu können. Diese Riten sind vermutlich sehr alt, denn die Paläo-Indianer sind so vor dreißigtausend Jahren, vielleicht auch schon vor vierzigtausend Jahren, in die neue Welt gekommen, und die Riten, die sie haben, schamanische Riten, auch die Trommeln, die Rundtrommeln, zum Teil sogar die Mythologien und die Anwendung von heiligen Pflanzen, das ähnelt ganz und gar dem, was die sibirischen Völker kennen.

Die Bestattungen der Neandertaler waren sehr aufwändig. Es gab gelegentlich Grabbeigaben und die Toten wurden mit Ocker eingerieben. Im irakischen Kurdistan, in Shanidar, da fand man die Überreste von neun Bestattungen. Einer der Toten war verkrüppelt, hatte eine Schädelwunde gehabt und ein Auge war blind. Da war also jemand, der war schwer behindert, hat aber noch jahrelang gelebt, ein Pflegefall sozusagen. Die Neandertaler haben ihre Toten bestattet und ihre Alten und Kranken versorgt. In Shanidar war einer der Toten auf Heilpflanzen gebettet. Man hat dann eine Pollenanalyse des Bodens unter dem Skelett gemacht, und so konnten die Wissenschaftler genau wissen, zu welcher Jahreszeit der Tote gestorben war. Es handelte sich bei den Pflanzen um Heilpflanzen, die im Irak noch immer gebraucht werden, zum Beispiel Schafgarbe, Benediktendistel, Flockenblumen oder Meerträubel. Man hat auch andere Begräbnisstätten gefunden, bei denen der Neandertaler mit Steinen oder Bergziegenhörnern umlegt wurde. Hier ganz in der Nähe, da gibt es eine Höhle, die heißt Drachenloch. Da wurden Neandertalerwerkzeuge gefunden. Dort war nie gejagt worden, das war viel zu hoch oben im Berg. Es war eine Kulthöhle. Nicht weit davon, in einer anderen Höhle, wurde eine Steinkiste aus der Neandertalerzeit gefunden, eine richtige Kiste. Und darin befanden sich Bärenschädel, bestattete Bärenschädel. Sechs weitere Bärenschädel wurden dort gefunden, die alle mit der Schnauze zum Eingang ausgerichtet waren. Das ist ungefähr 60.000 Jahre alt, und es sind kultische Handlungen gewesen. Das waren keine Wohnhöhlen, denn die meisten Neandertaler haben ja nicht in Höhlen gewohnt.

Ist ein Ritual also etwas, was man an andere weitergeben kann?

Ja, wie alle Techniken wird es weitergegeben, meistens in Einweihungszeremonien, also ganz generell in Jugendeinweihungen, wo die jungen Leute dann nicht mehr Kinder sind, sondern vom Rockzipfel der Mütter getrennt und selbstständig werden. Da wird vieles übertragen, oder Begabte werden dann unter Obhut von älteren Schamanen oder Schamaninnen unterwiesen. Dieser tradierte Aspekt ist dabei ganz wichtig.

Rituale oder Riten sind alt, und es ist kein okkulter Hokuspokus und keine Schau, sondern es sind tatsächlich

Techniken, genauso wie verschiedene Arten, Feuer zu machen, oder diverse Jagdtechniken. Der Ritus ist eine archaische Technik, um das Bewusstsein umzuschalten oder einzustimmen auf etwas anderes, auf eine andere Wirklichkeit, so wie man ein Radio auf einen Sender einstellt.

Welche weiteren Riten gab es? Und wofür waren diese wichtig?

Der Ritus ist immer wichtig. Wenn man nur im alltäglichen Getriebe lebt, verliert man die Orientierung. Das ist ja in unserer Ego-orientierten Konsumgesellschaft ein Problem, dass wir wirklich keine tiefen Verbindungen zu den Göttern mehr haben. Wir sind so weit weg, dass wir die Götter gar nicht mehr wahrnehmen oder dass wir sie nicht nur leugnen, sondern sie als Halluzination oder als Projektion abtun – oder im schlimmsten Fall als Schizophrenie. Das ist ja die erste Frage, die ein Psychiater einem Patienten stellt: „Glauben Sie an Gott?“ Und wenn der sagt: „Ja“, dann wird er gefragt: „Hören Sie seine Stimme?“ Und dann ist er ja schon gefährlich nah an der Psychiatrie dran.

Wir brauchen Riten. Wir suchen nach Riten. Wir, beziehungsweise die New Ager, importieren Riten von überall her – afrikanische, australische, indianische – aber diese Riten haben keine Resonanz, nicht nur nicht mit unseren eigenen Wurzeln, sondern oft auch nicht mit der Natur, die uns umgibt.

Sun Bear, ein erleuchteter Schamane von den Ojibwa, hatte die Vision, die Menschen würden nicht überleben, wenn sie nicht wieder in Einklang mit der Natur, mit Mutter Erde und Vater Himmel kommen. Er hatte diese Ojibwa-Vision des Medizinrads, der Urstein,

Großvater Stein, das Urwesen der Mitte, der dann in die vier Hauptrichtungen ausstrahlt und das Rad der Schöpfung rund herum schafft. Alle Wesen sind ein Teil des Rades, Pflanzen, Tiere und Menschen, das hat er den Europäern oder den Weißen offenbart. Das haben ihm die anderen Schamanen, Medizinmänner, Medizinleute übel genommen. Die haben ihn dann mit einem Schadzauber belegt, und er ist dann relativ jung gestorben. Trotzdem hat er diese Vision weitergegeben, dass die Menschen wieder in Einklang mit der Natur kommen. Und die Schwitzhüttenzeremonie gab er noch dazu. Nun kommt dieses Ritual nach Europa, weil wir hier so leer sind, besonders im deutschen Sprachraum. Wir nehmen das nun auf, und dann rufen wir den Geist des Steppenwolfes, des Kojoten, und wir rufen den Geist des Büffels, und wir beten nach Süden, wo der Regen herkommt. Eigentlich stimmt das alles für uns nicht. Diese Tiere gibt es hier nicht. Wenn man einen Kojoten als Trickster, einen tierischen Schelm, haben will, dann wäre es bei uns eher der Fuchs, der ist bei uns so der Trickster, und Büffel sind höchstens Wisente. Aber das ist alles so weit weg. Eigentlich ist es der Hirsch, der in unserer Mythologie diese Stelle einnimmt. Und der Regen kommt ja nicht von Süden. Der Westen bringt nicht trockene Wüstenluft wie in Nordamerika, sondern der Westen bringt bei uns das atlantische Klima und den Regen. Also stimmt das Ritual bei uns nicht, und es wird eine Abstraktion. Deswegen kann man diese Rituale nicht so einfach übernehmen. Man muss sie anpassen. Das hat Sun Bear so beunruhigt, dass er nach seinem Tod nicht gehen konnte. Ich habe hier mal eine Schwitzhütte mitgemacht, das war irgendwo in der Nähe von Stuttgart, ich war eingeladen worden, und da kam Sun Bear, obwohl er tot war, auf mich zu. Ich hab ihn nie persönlich im Leben kennengelernt. Doch er kam in meiner Trance auf mich zu. Ich sah ihn kommen und dann löste er sich auf. Und dann hat mir Sun Bears Geist zu verstehen gegeben, dass es ihm keine Ruhe lasse, dass man da so eine abstrakte Religion daraus mache. Was er den Leuten sagen will, ist: Die Spiritualität ist in der Natur selber zu finden, nicht in irgendeiner Idee über die Natur. Sie kommt aus der Natur selber, und hierzulande kommuniziert man mit dem Fuchs und nicht mit dem Steppenwolf.

Spiritualität ist nie etwas Abstraktes bei den Indianern. Gott ist nicht etwas anderes, da draußen, und wir sind bloß Schöpfung, sondern die ganze Schöpfung ist göttlich und heilig. Für den Menschen manifestiert sich die Heiligkeit in der umgebenden Natur. Das haben mir die Indianer immer wieder gesagt. Einmal hatte ich Elk Shoulder zu einem Schamanentreffen in Garmisch eingeladen und er fragte: „Wo sind denn all diese Medizinleute, von denen du mir gesagt hast, das wir sie hier treffen, um die Erde wieder zu heilen? Das sind ja nur *show people*, Unterhalter, hier und Lügner. Warum hast du mich hierher gebracht?" Und ich antwortete ihm: „Weil wir alles verloren haben, wir haben keine sakralen Gesänge mehr, keine richtigen Rituale". Er fühlte sich unwohl in der riesigen Konferenz mit den Pseudo-Schamanen und all diesen ausgehungerten Menschen, also bin ich mit ihm durch Tirol gefahren, und ich merkte, wie er jeden Stein, jeden Berg, jeden Fluss, jeden Baum, jeden Raubvogel, jedes Tier sah. Die ganze Zeit hat er kein Wort gesprochen, er war ganz verbunden, ganz dran, typisch indianisch. Das hab ich dort bei den Indianern immer gemerkt, wenn man da durch die Wildnis geht, dann sind die Indianer Teil der Natur. Elk Shoulder hat also alles in sich aufgenommen und dann am nächsten Tag sagte er mir: „Rituale und heilige Gesänge, ihr habt nichts verloren, es ist alles da. Fragt die Bäume, fragt die Flüsse, fragt die Tiere. Ihr habt die Flüsse, ihr habt die Bäume, ihr habt noch Adler, ihr habt Berge, fragt sie, die wissen. Sie sind diejenigen, die euch die Rituale geben." Das habe ich oft gehört, auch von Tall Bull: „Bilde dir nicht ein, dass Menschen Rituale erfinden; wenn Menschen Rituale machen, funktionieren sie nicht. Das muss von den Geistwesen selber kommen, und diese Geistwesen sind verkörpert in der Natur. Sie geben dir die Inspiration."

Und so ein Ritus bildet dann Vorgänge der geistigen Welt in unserer Welt ab?

Sie geben das so ungefähr wieder. Die Indianer gehen manchmal zu irgendeiner Pflanze, die ihre Aufmerksamkeit auf sich gezogen hat. Sie sitzen da und versuchen, in die Schwingungen der Pflanze hineinzukommen. Nach einigen Stunden oder auch Tagen vernehmen sie eine Botschaft, das sind manchmal nur ein paar Worte oder ein Lied. Das ist dann der Schlüssel zu der Pflanze. Mit diesen Worten oder einem Lied, einem kleinen Ritual, können sie den Pflanzengeist jeder Zeit wieder anrufen und mit ihm Kontakt aufnehmen. Aber dieser Schlüssel wird nicht vom Menschen erfunden, sondern er ist eine Inspiration aus der Natur, also von der Pflanze selber. Die Indianer leben in einer spirituellen Welt oder einer Welt, wo das Göttliche immanent ist, und alles ist lebendig und alles ist ansprechbar, auch wenn es schweigt und Schweigen ist. Wenn man das Bewusstsein mit einem schamanischen Ritual so beruhigt und die Seele öffnet, dann kann man hören. Aber es funktioniert nicht so, dass man viel Buchwissen hat und dann ein esoterisches Ritual macht und sich einbildet, man habe dann diese Beziehung. Das Ritual ist so, dass es die Seele öffnet und Zugang zu den Geistern der Natur ermöglicht.

Dieses Bewusstsein der Immanenz, von dem du gerade gesprochen hast, dass das Göttliche immer da ist, war das wohl für die Steinzeitmenschen, für die Urmenschen, genauso?

Ich nehme das an. Das waren keine modernen Menschen mit einer Ideologie der Objektivität und des Getrenntseins im heutigen Sinn. Entfremdung und dergleichen, das kannten sie nicht. Die haben ja auch nicht in modernen viereckigen Zimmern gelebt, mit Zentralheizung, und bekamen ihre Inspiration auch nicht aus dem Fernsehen. Die Neandertaler, die hatten ja schon so eine Art Behausung, aus Mammutstoßzähnen und Fellen zum Teil, das ist inzwischen bewiesen worden, aber da ist man immer noch ganz in der Natur und spürt die Jahreszeiten. Als wir hierher auf den Berg zogen, hatten wir hier oben keinen Strom, und die Fenster, die waren zugig, das waren uralte Fenster, 200 Jahre alt ungefähr, so kleine Bullaugen, wunderschön, aber der Wind pfiff da durch. Dann haben wir natürlich vom Garten und essbaren Wildpflanzen gelebt und mussten Feuerholz machen zum Kochen und zum Warmhaben. Unter diesen Bedingungen wird man von den Naturgewalten mitgerissen und sieht, dass die Jahreszeiten wie göttliche Gewalten sind. Da kann der Mensch nichts dagegen machen, man wird mitgerissen, man geht mit, das sind göttliche Mächte. Das ist immanent, und man tanzt mit, man wird mitgerissen, man kann nur in Harmonie mittanzen – oder es geht einem schlecht, man wird krank oder man überlebt nicht. Das fehlt dem modernen Menschen, er hat ja nicht mal mehr Tag und Nacht. Nachts alles grell erleuchtet, er sieht die Sterne nicht mehr – die Seele, die Menschenseele, die seit Urzeiten immer die Sterne gesehen hat, ewige Sterne, sieht sie nicht mehr. Lichtverschmutzung. Den wunderbaren, diesen Hyakutake, den hellsten Kometen, der alle zwanzigtausend Jahre über den Himmel schreitet wie eine Gottheit, haben die meisten Menschen gar nicht mal wahrgenommen. Der Mensch ist sozusagen vom Himmel abgeschnitten. Und die Seele braucht diese ewigen Sterne.

Die Menschen heute laufen zum Beispiel immer in irgendwelchen Schuhen herum. Wenn man barfuss läuft, dann spürt man, wie die Erde lebt, man spürt den unterschiedlichen Boden, alles hat andere Schwingungen, aber schon wenn man auf Zement oder Asphalt läuft, da bekommt man keine Resonanz. Wir schneiden uns unten ab, wir schneiden uns oben ab. Unsere Nahrung wächst unter Plastikdächern, da sind keine oder wenig Himmelskräfte mehr im Spiel. Auch von den Pflanzen kommt so keine Resonanz, und wir spüren dann das Göttliche und die Macht des Göttlichen nicht mehr. Und dann entwickeln wir kranke Fantasien, etwa dass wir das Klima beherrschen können. *Geo-Engineering* ist der neueste Begriff. Das ist ein Größenwahn, der kann nur in Hirnen entstehen, die nicht mehr mit der Wirklichkeit verbunden sind. Oder *Terra-Forming* auf dem Mars: Die können ja nicht mal auf der Erde richtig leben und dann wollen sie den Mars kolonisieren! Das ist wie der institutionalisierte Wahnsinn. Und diese Ideen werden auch noch mit Milliarden Dollar an Steuergeldern unterstützt.

Dieses Abgetrennte lässt sich auch erkennen, wenn ich sage, dass ich einer Religion folge. Da wird das Spirituelle oft zu einem besonderen Bereich, der Sonntagmorgen stattfindet. Da ist ja auch eine Abgetrenntheit zu sehen.

Ja, das ist auch eine Abgetrenntheit. In der Entwicklung der westlichen Welt ist es die Aufklärung, da fingen einige an, die Welt als einen Mechanismus zu begreifen. Und Newton, der auf einmal das Weltgetriebe als ein Zahnrad sah. Das Ganze als eine Maschine. Natürlich war man noch christlich und hat gesagt: „Gott hat diese Maschine als Maschinenkonstrukteur gebaut und hat sie wie eine Uhr aufgezogen, und jetzt tickt sie, und ihre Gesetze zu erkennen ist eigentlich ein Gottesdienst.“ Dieser Gott ist weit draußen, er hat die Welt konstruiert und hat sich zur Ruhe gesetzt. Kühne Geister sagten dann, eigentlich braucht man Gott nicht mehr, um die Phänomene zu erklären. Wir haben einfach eine Maschine, die läuft. Die Wissenschaft ist im Grunde genommen gottlos. Man hat Gott in einen Privatbereich verbannt, eben für Sonntag und für *Feel-Good,* als Seelenmassage sozusagen. Aber so richtig tiefe kräftige Spiritualität gibt es nicht mehr. Es hat sich eine ganz enge, materialistische Sichtweise, eine Wissenssekte durchgesetzt, sie hat sich der Universitäten bemächtigt und prägt unser Weltbild bis zum heutigen Tag. Spiritualität, die gibt es inzwischen zwar wieder, aber wir erklären das auf Grundlage von Hirnchemie, Neurotransmittern, Synapsen und dergleichen. Spiritualität wird als Projektion gesehen, eine psychologische Projektion, wobei man Halluzinationen hat und dann Geister sieht. Da halluziniert einer, da stimmt irgendetwas im Hirnstoffwechsel nicht. Schamanismus wurde als Geisteskrankheit, arktische Hysterie oder Schizophrenie erklärt und das noch in den 30er und 40er Jahren des 20. Jahrhunderts. Und diese enge Sichtweise, die bringt in der materiellen Welt auch ganz besondere Resultate hervor: Glühbirnen, Raketen und Umweltkatastrophen, digital pulsierende Funkmasten, welche die Organismen schädigen, Müllberge und Kinder, die zappelig werden und Retalin brauchen und so weiter. Das ist das, was produziert wird. Aber das ist ganz im Einklang mit der kulturellen Entwicklung in Richtung Monotheismus. Wo eine Kirche, eine Ekklesia sagt: „Wir haben die einzige Antwort, die einzige Wahrheit, alles andere ist vom Teufel." Und genau das haben wir auch in der Wissenschaft. Wir haben die Methode, diese empirisch logische Methode, die das einzig sichere Wissen zu sein vorgibt. Und diese Sichtweise beherrscht die Universitäten und das Leben überhaupt. Anfang des letzten Jahrhunderts hieß es noch, die Indianer wären kindisch, die seien ja nicht so weit entwickelt wie wir. Die Wilden sind wie Kinder, und die Barbaren sind wie Jugendliche. Ungestüm, voller Energie, aber nichts im Kopf. Allein wir im Westen, wir sind erwachsen und vernünftig. Lächerlich!

Kapitel 7:
Vater Himmel, Mutter Erde – Eine natürliche Spiritualität

Wie sah die Spiritualität dieser ersten Menschen aus? Welche Vorstellung und welches Verständnis der Welt lagen dieser Spiritualität zugrunde?

Wir können Schlüsse ziehen aus dem, wie die Naturmenschen, also die naturnahen Völker es erleben. Die letzten Jäger und Sammler. Sie sind so nah mit dem Naturgeschehen verwoben, dass sie die tieferen Resonanzen spüren. Sie sind nicht so abgekapselt. Wir sind so abstrakt geworden, da würde ich gerne mal ein Beispiel erzählen. Früher wurden sämtliche Kinder dem Stamm der Cheyenne weggenommen von den Regierungsbehörden, das war gang und gebe. Denn sie galten als primitiv und mussten zivilisiert werden, damit sie Teil haben konnten an dem wunderbaren „Way Of Life“, damit sie Freiheit und Demokratie und so weiter verstehen konnten. Also hat man die Kinder in Regierungsschulen – Boarding Schools – gebracht, da durften sie keine Rituale, nichts Indianisches machen. Sie mussten sich die Haare schneiden und wie Weiße anziehen. Man versuchte ihnen beizubringen, wie Weiße zu denken. Sie durften kein Wort in ihrer jeweiligen indianischen Sprache reden. Tall Bull sagte, es gab Prügelstrafen oder man hat ihnen den Mund ausgewaschen, wenn sie ein Cheyenne-Wort gesagt haben. Das geschah einfach, um sie zu fortschrittlichen, normalen Menschen zu erziehen. Und als der alte Tall Bull, das ist mein Freund, der Medizinmann, wieder zu den Cheyenne zurückkam, hat er zuerst den Alten zugehört. Er hat die ganze Zeit, sagte er, während dieser Jahre, in denen er an der Schule war, immer versucht, in Selbstgesprächen seine Sprache zu erhalten und war stolz, dass er das gemacht hatte. Und als er dann zurückkam, haben die Alten gelächelt und gesagt: „Du sprichst ja ein Baby-Cheyenne." Er hat dann immer zugehört, ist immer bei den Alten gewesen, besonders bei seiner Großmutter. Und die Großmutter, die war gerade beim Kochen, und dann erzählte er: „Weißt du, wir als Indianer haben so vieles falsch verstanden und nicht richtig kapiert. Die Sonne geht nicht im Osten auf und im Westen unter. Die Erde ist nicht hier unten flach und der Himmel oben, sondern die Erde ist eine Kugel und die bewegt sich um die Sonne herum." Und da legte die Großmutter ihren Kochlöffel beiseite, schaute ihn an und sagte: „Du, glaub nicht den Irrsinn, den dir diese Weißen erzählen. Traue deinen Sinnen." Das ist unmittelbar. Wir kommen in Abstraktionen. Wir verlieren die Phänomene. Und so leben wir immer mehr in Wirklichkeiten, die eigentlich nur gedacht werden, und wir ignorieren das, was wir als Körper und als Seele erleben. Und wir sind dann nur noch Köpfe.

Wie haben Menschen in der Frühzeit denn ihre Spiritualität gelebt? Sie war ja offenbar ein Teil des alltäglichen Lebens. Das ganze Sein war durchsetzt von der Begegnung mit der Anderswelt, dem Spirituellen …

Ihr Leben, das Leben überhaupt, war von Spiritualität durchdrungen. Die Einteilung in profan und heilig kannten sie nicht. Sie brauchten keine Tempel und Kirchen. Es ist, wie es im *Tao Te King* des Laotse heißt: Erst als der Weg verloren ging, tauchte die Tugend auf; als die Tugend verloren ging, tauchte die Güte auf; als die Güte verloren ging, tauchte die Gerechtigkeit auf; als die Gerechtigkeit verloren ging, tauchte die Moral auf. Die Moral, sagt Laotse, der chinesische Meister, ist eine Verkümmerung von Vertrauen und Treue und der Anfang der Verwirrung.

Das *Tao Te King* ist uralt, und es basiert vermutlich auf noch älterem schamanischen Wissen. Es spricht von dieser Frühzeit, in der man Begriffe wie Moral, Gerechtigkeit, Tugend und so weiter nicht brauchte, auch nicht Spiritualität, weil man ganz natürlich tugendhaft und spirituell war. Die Erinnerung an diese Zeit schlägt sich wahrscheinlich in den Sagen um das Goldene Zeitalter nieder.

Stimmt es, dass es Naturvölker gibt, die kein Wort für Natur haben, weil sie es nicht nötig haben, sich davon zu abstrahieren?

Das kommt darauf an, also die Germanen hatten auch kein Wort für Natur, aber die hatten ein Wort „Mittelerde", Mid Earth, Midgard, der Garten in der Mitte, der Ort, wo sie und all die Tiere, Menschen und die Kräuter und Bäume und so weiter zu Hause sind. Darüber hinaus gab es Utgard, wo die Geister sind, die Dämonen, Trolle, Götter oder die Toten. Natur heißt ja einfach „das Geborene", das Wort kommt aus dem Lateinischen.

Im Chinesischen umschreibt man das Wort „Natur" mit dem Begriff *Tsu Jan,* das Spontane, das was von alleine geschieht. So etwa, wie die Wolken vorüberziehen und das Gras von alleine wächst, ohne menschliches Zutun. Im *Tsu Jan* steckt mehr Weisheit, als in unserem gezwungenen Denken.

In der Renaissance war man überzeugt, dass alle Planetengötter in uns sind. Die Planeten am Firmament sind also auch in uns, im menschlichen Mikrokosmos, vorhanden. Die Sonne ist im Herzen und ist die Mitte. Die Weisheit verkörpert Jupiter, ist der Götterkönig, der eigentlich auf dem Thron sitzt. Jupiter ist derjenige in uns, der die Weisheit hat, und der entscheidet. Und neben seinem Thron sitzt der Schalk, das ist der Merkur. Der Merkur ist immer sehr schnell, der weiß immer alles sehr schnell, ist immer nah am Geschehen, ist sehr clever, und er ist der Einzige, der dem Götterkönig Rat geben kann, aber er macht auch viele Witze und ist immer vorwitzig. Merkur ist der Intellekt, der Verstand und er meint, er verstehe alles, aber Jupiter ist weise, und es darf nicht der Verstand auf dem Thron sitzen. Das ist so eine mittelalterliche Erklärung. Sie will besagen, dass wir nicht nur Verstand sind, nicht nur Hirn. Seit dem Zeitalter der Aufklärung haben wir das Hirn aufs Podium gesetzt und Jupiter entthront, und die anderen Götter sowieso. Wir beten ja das Hirn regelrecht an. Alle spirituellen Phänomene führen wir heutzutage auf Hirnphysiologie oder Hirnfunktionen zurück und Synapsen und Botenstoffe, Dopamine und Endorphine und was nicht alles. Im Grunde genommen sind wir aber mehr.

Wir haben hier auf diesem Berg vier Jahre ohne Auto gelebt, und ab und zu bin ich dann runter gegangen ins Tal und habe ein paar Kurse bei der Volkshochschule gegeben. Die waren dann zu Ende, wenn es dunkel war, und da hat mich vielleicht jemand bis zum Fuß des Berges mit dem Auto mitgenommen. Wenn Vollmond war, konnte ich den Weg gut finden. Aber wenn es bewölkt war oder bei Neumond, dann war der Weg stockfinster. Man sieht absolut nichts, hat einen Stock und tappt den Pfad entlang wie ein Blinder. Und wo der Untergrund sich etwas fester anfühlt, da weiß man, da ist der Weg. Manchmal aber sagt einem der Verstand, hier müsste man abbiegen. Und dann geht man dort entlang und bleibt im Dickicht hängen. Der Verstand weiß eben doch nicht alles, und dann muss man erst mal wieder fühlen und auf den richtigen Weg zurückfinden. Und dann hört man etwas knacken, so ganz nah, dann denkt man gleich: O je, ein tollwütiger Fuchs! Das ist der Verstand, der nichts weiß, aber immer sofort eine Antwort parat hat. Das ist der Merkur, der meint, er weiß immer alles. Und da gibt es Leute, die werden ganz davon geleitet, und die wissen immer alles, aber in Wirklichkeit sind das nur Vermutungen. Umso weiter man von der Natur entfernt ist, umso weniger hat man den Sinn für das, was wirklich da ist, umso leichter verirrt man sich. Deswegen verirrt sich diese Verstandesgesellschaft immer mehr und wird sich immer mehr in Absurditäten und Widersprüchen verstricken. Deswegen ist diese Zivilisation, das kann man ruhig sagen, dekadent.

Ja, was ist Natur? Ist doch alles Natur, heißt es heutzutage, auch die Auswüchse der Technomanie. Nein. Natur ist das Ursprüngliche, die ewigen Rhythmen der Jahreszeiten, der Reigen der Sterne und der Planeten, das spontane Wachstum des Grases und das Ziehen der Wolken über den Himmel. Daran kann man sich orientieren, das ist der Weg zurück zur Spiritualität.

Inwieweit hatten Menschen vergangener Zeitalter ein anderes Verhältnis zur Natur?

Die starken Medizinleute bei den Cheyenne, zum Beispiel, die konnten ein Tier locken. Die haben die Büffel hergeführt, sie waren verbunden mit den Büffeln. Man kann diese Verbindung aufnehmen, das habe ich selber erlebt. So kann man auch eine Herde Kühe rufen und mental leiten. Das konnte Arthur Hermes, zum Beispiel. Dabei wird nicht mit äußerlichen Tricks gelockt, sondern die Seele verbindet sich. Die Tiere, die von den Indianern oder australischen Ureinwohnern erlegt werden, sind schon tot, ehe sie erlegt werden. Das heißt, sie sind schon von dem Geist der Tiere oder von der Großmutter der Tiere freigegeben worden. Bei den Inuits gibt es dazu eine schöne Geschichte: Die Inuits haben nichts zu essen, da geht der Schamane auf Seelenreise, und die ganze Gruppe ist dabei, denn er braucht für die schwierige Reise in die andere Welt die Energie von jedem Einzelnen. Er gelangt zur Herrin der See-Säugetiere. Die Alte sitzt ganz mürrisch tief unten im Meer. Der Schamane hat einen Kamm mit: „Mütterchen, darf ich deine Haare kämmen, die sind ja voll Muscheln und Tang." „Hau ab, was willst du?" „Ja, wir haben nichts zu essen, Mütterchen, bitte hilf uns." „Ja, ja, ihr habt so viele schlimme Sachen gemacht und Tabus gebrochen. Ihr habt, anstatt die Leber den Vögeln zu opfern, sie selber gegessen." Der Schamane kommt daraufhin raus aus der Tiefe und fragt die Gruppe: „Hat hier wirklich jemand eine Leber gegessen?" Daraufhin gesteht einer: „Ja, ich hab's gemacht, ich hab's gemacht. Es tut mir wirklich leid, das wird nie wieder passieren." Und so gibt es eine Reinigung im Stamm, alle schlimmen Geheimnisse werden offengelegt, und zuletzt erweist sich die Göttin Sedna, das ist auch eine Frau Holle, als gnädig und sagt: „Ich lasse einige Seehunde frei, auf der Scholle in dieser Richtung werdet ihr sie finden." Die Gruppe geht also hin und findet dort die Tiere. Die Tiere sind also ein Geschenk und werden auch dankbar angenommen.

Welche Rolle spielten die Zyklen der Natur, wie die Jahreszeiten?

Ich sehe das selbst hier im Garten: Jetzt liegt noch ein bisschen Schnee auf den Beeten, aber sobald der weg ist, muss ich hingehen und umgraben. Wenn ich es nicht tue, kommen die Unkräuter – die Wildkräuter sagt man ja heute – und überwuchern alles. Man kann zwar viele

Wildkräuter essen oder als Medizin nehmen, aber so viel kann man auch nicht essen und so viel Medizin braucht man vielleicht gar nicht. Man muss immer da sein. Man muss zur rechten Zeit säen. Die Natur ist voller Rhythmen. Die ganze Natur tanzt im Einklang mit der Sonne und mit dem Mond. Der Mensch ist vollkommen eingebunden in diese Rhythmen, und diese Rhythmen sind Ausdruck dieses göttlichen Tanzes. Es sind göttliche Rhythmen.

Wurden diese Rhythmen auch schon in der Frühzeit verstanden oder kam das erst mit dem Bewusstsein für Aussaat- und Ernterhythmen auf?

Sicherlich schon immer war man sich dieser Rhythmen, dieses Herzschlags der Mutter Erde, dieses Reigens der Wandelsterne bewusst. Die Tiere, die Büffel, die Hirsche haben ihre jahreszeitlichen Wanderungen, die Zugvögel fliegen fort und kommen wieder, die Lachse schwimmen flussaufwärts zum Laichen, die Frösche feiern Hochzeit im Tümpel im Frühlingsvollmond, die wilden Erdbeeren reifen, dann die Himbeeren und Heidelbeeren, dann später im Frühherbst die Brombeeren und Holunderbeeren. Grassamen und Piniennüsse müssen nun gesammelt werden. Das macht das Leben aus, und die Menschen, die steinzeitlichen Jäger und Sammlerinnen, waren in diese Rhythmen eingebunden und kannten sie. Schon lange vor der Zeit, als man Aussaat- und Ernterhythmen beachten musste, kannte man das.

Welche Gottesvorstellungen oder Gottesbilder gab es in der Steinzeit? Man kennt ja die Venus von Willendorf, eine Fruchtbarkeitsgöttin. Welche Vorstellungen gab es noch?

Dazu müssen wir die Mythologien der Völker betrachten und beispielsweise die der Indianer und der Ostasiaten vergleichen. Die Cheyenne sprechen von der alten Großmutter unter der Erde. Wenn die Tiere oder die Menschen sterben, dann gehen die Seelen zu ihr. Ihr Bereich fängt da an, wo die Wurzeln aufhören. Die Großmutter ist die Hüterin, die Urmutter. Das ist unsere Frau Holle, das ist sehr alt und im ganzen nordpolaren Kreis zu finden. Es gab etwas wie die Erdmutter und einen Himmelsvater. Der regnet herunter und befruchtet sie. Oder sein Blitz befruchtet die Erdmutter, und sie bringt dann die Geschöpfe hervor. Die paläolithischen Höhlen galten höchstwahrscheinlich als der Schoß dieser archaischen Mutter der Geschöpfe oder als Eingänge zu ihrem unterirdischen Reich. Es sind Orte gewesen, wo die Tiergeister und ungeborenen Seelen lebten, wo sie heranreiften, ehe sie in die äußere Welt kamen. Sie wurden durch paläolithische Maler mit Farben aus Russ, Kalk und Ocker an der Wand bildlich dargestellt. Die Schwitzhütten der Indianer stellen eigentlich den Bauch der Urmutter dar, und man kriecht von Osten herein, das war der Lebenseingang, von Osten herein, durch den Eingang in ihren Schoss. Splitternackt wie ein Embryo schwitzt man, um neugeboren zu werden, um Krankheiten rauszuschwitzen, um wiedergeboren zu werden. Das ist sehr steinzeitlich, diese Vorstellung. Die Venusfiguren, auch die Venus von Willendorf, sind wahrscheinlich eine Darstellung dieser Ur-Göttin, aber sie ist nie getrennt von dem Großen Geist. Beide sind eine Einheit, und durch sie, durch ihre Liebe zueinander und ihre Verbindung, kommen die Geschöpfe zustande.

Ein sexueller Aspekt gehörte also immer mit dazu?

Die Welt der Urmenschen war stark sexualisiert. Das Feuermachen wurde zum Beispiel als sexuelle Vereinigung gesehen. Daher das Wort „Kind“ und das englische „kindle, to kindle a fire“. Da ist das unten liegende, weichere Holz und dann oben der Stock, der gerieben wird – das wird als eine *Generatio*, also als ein sexueller Akt gesehen, und da wird das Feuerkind gezeugt. Das ist ein kleines Feuerkind, das gefüttert werden muss, das gehütet wird. Es ist ein sexueller Vorgang, der das hervorbringt. Das Urmatriarchat oder die Idee, dass es früher nur eine Göttin gab, das ist eine moderne Fantasie, die widerspiegelt, dass das Verhältnis zwischen den Geschlechtern gestört ist. Das kennt man nicht bei den Naturvölkern. Da sind Mann und Frau gleich mächtig, ähnlich wie das alte ostasiatische weibliche Yin und männliche Yang gleichwertig sind. Es gibt Himmel und Erde, die wurden als ein Paar im Beischlaf aufgefasst. Im alten Europa, höchstwahrscheinlich schon seit der Megalithzeit, wurden Sonne und Vegetation, der Sonnengott und die Blumengöttin, als Liebende gedacht. Wenn die Sonne im Frühling immer höher steigt, dann erhebt sich die Vegetation und wächst und sprießt ihrem Liebhaber, der Sonne, entgegen. In der Maienzeit, wenn sie Hochzeit feiern, dann öffnen sich die Blüten immer mehr. Das sind ja auch tatsächlich die Fortpflanzungsorgane der Vegetation. Sie öffnen sich der Sonne. Ohne Sonne ist keine Vegetation möglich, und sie folgt dem Lauf der Sonne. Wenn die Sonne nach der Sommersonnenwende wieder absteigt, dann fängt auch die Vegetation an zu vergilben. Sie verliert an Kraft, und zuletzt geht alles wieder zurück in die Erde. Auch die Sonne wird alt und stirbt. Zur Wintersonnenwende wird das Sonnenkind jedoch tief im Schoss der Mutter Erde, der Urmutter, wieder neu geboren und der Kreislauf fängt von vorne an. Immer Gott und Göttin gemeinsam.

Ist der Atheismus eine Erfindung der Neuzeit?

Der Atheismus ist ein Produkt der Zivilisation. Er tritt zum ersten Mal in Erscheinung, als in Indien das alte brahmanische vedische Weltbild in Zweifel gezogen wurde. Die Opferrituale, die Welterhaltungsrituale, wurden immer aufwändiger und teurer, so dass Sekten aufkamen, die das Ganze ablehnten. Die Charvakas etwa, vollkommene Materialisten, die sogar die Existenz einer Seele bestreiten. Das ist eine Zivilisationserscheinung, genauso wie der Vegetarismus der Buddhisten, der Jainas und später der Hindus. Zum Vegetarismus: Es gibt kein Volk, das wir kennen, kein Naturvolk – auch geschichtlich nicht –, keinen Urmenschen, wo nicht auch die Jagd eine Rolle spielte. Gelegentlich gibt es vorübergehenden Vegetarismus bei den Naturvölkern und auch bei Jägern und Sammlern, aber das ist dann nur ein Teil der Askese, beispielsweise bei schamanischen Einweihungen. Erst in Indien haben die Mönchsorden angefangen, diese Askese ein Leben lang auszuführen. Aber das sind Zivilisationsaspekte.

Nochmal zurück zum Atheismus: Kann nicht auch ein Atheist spirituell leben? Verbunden sein, ohne eine Gottesvorstellung zu haben? Buddhisten ist ja beispielsweise auch sehr die Verbundenheit aller Wesen und Phänomene miteinander bewusst, ohne dass sie diese Verbundenheit auf einen Schöpfergott zurückführen müssen …

Manchmal ist der Atheist der Ehrlichere. Im Gegensatz zu vielen „Gläubigen" versucht er sich nichts vorzumachen. Die Naturvölker und ihre Schamanen, die ich kenne, sind eigentlich auch keine Gläubigen. Sie erfahren die Götter und Geistwesen im Traum, in der Vision, der Entrückung und sehen, wie diese in die alltägliche

Welt hineinwirken. Für sie gibt es auch einen Großen Geist, Manitu, Maheo, den Gott der Götter, Mahadeva und so weiter. Das wird so wenig in Frage gestellt, wie, dass der Himmel blau ist, dass man die Luft zum Atmen braucht und die Erde sich unter den Füßen befindet. Der moderne Atheist nimmt einfach die Seelenwelt, die spirituelle Innenseite der Natur nicht mehr wahr. In dem Sinn ist er wie ein Blinder, aber er will sich auch nichts vormachen, sich selber belügen. Die Buddhisten leugnen die Götter nicht. Brahma, der Schöpfer, Mara, der Gott der Lust und des Todes, und die Heerschar der Himmlischen sind dem Buddha ja bei seiner Erleuchtung unter dem Baum erschienen. Buddhisten beziehen auch die Götter in ihre Puja-Rituale mit ein. Sie leugnen die Götter nicht. Buddha oder Avalokiteshvara werden ja selber wie Gott verehrt. Die Anhänger Buddhas wehren sich jedoch gegen fixierte Bilder des Göttlichen, denn die sind nicht die Wirklichkeit, die sind Maya, das sind Einbildungen, die das ängstliche, vergängliche Ego erzeugt. Buddhisten wollen den Zauberbann der Maya, die Täuschung, die Illusion, den Schein, den der Menschengeist als Wirklichkeit ansieht, mit Hilfe von Askese und Entsagung überwinden.

Kapitel 8:
Steinkreise & Höhlen – Den Himmel auf die Erde bringen

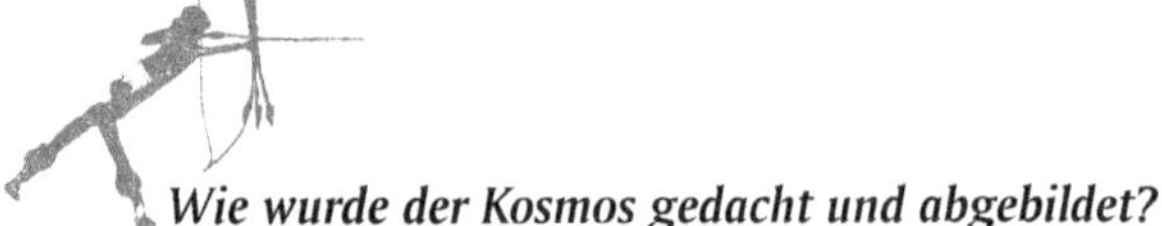

Wie wurde der Kosmos gedacht und abgebildet?

Es gibt verschiedene Kosmologien. Man fing auf der phänomenalen Ebene an. Es gab die Erde und eine Unterwelt mit Höhlen, das war der Bereich der Erdmutter, dort gingen die Seelen hin. Dann gab es den Bereich der Mittelwelt, wo wir und die Tiere leben und das, was gegenwärtig ist. Schließlich gab es noch die Oberwelt mit ihren verschiedenen Stufen. Das ist fast universal, diese dreifache Einteilung. Die Oberwelt, der Himmel, wurde im eurosibirischen Raum bis nach Nordamerika als ein Himmelszelt gedacht. Die nomadisierenden Großwildjäger der Steinzeit wohnten in Zelten aus Tierhäuten, und der Rauchfang oben war der Zugang zur Geisterdimension, zur Oberwelt. Der wurde oft mit dem Nordstern assoziiert. Er ist der einzige Stern, der sich nicht bewegt. Der ganze Himmel kreist ja, von der Erde aus gesehen, um den Nordstern. Der bleibt immer an derselben Stelle, und das war wie das Rauchloch im Zelt. Eine andere alte Vorstellung ist die des Weltenbaums, der von der Unterwelt bis nach oben wächst. Und in Sibirien und zum Teil bei den Indianern wurde im Zeremonialzelt oder im Sakralgebäude ein Baum aufgestellt. Auf diesem Baum konnte der Schamane in die Oberwelt klettern oder hinab zu den Wurzeln, zur Unterwelt. Das sind alles sehr archaische Weltbilder, die uns mit diesen Völkern vereinen.

Bei den Germanen war es so, dass die Verstorbenen in die Erde hinabfielen, der Zugang zu der Unterwelt waren Sümpfe und später Brunnen. Da wohnte die Frau Holle. Das Märchen der Frau Holle ist ein ganz archaisches Märchen. Auch bei den Indianern wohnt die Großmutter unter der Erde, und dort gehen die Toten hin. Und dann ist da der Totenweg, der Pfad, auf dem die Toten laufen, das ist auch eine Imagination, die es vielerorts gibt. Die Germanen haben ihren Toten immer gutes Schuhwerk mitgegeben, damit sie gut laufen konnten. Dann gehen sie diesen Pfad in die Totenwelt, der zugleich sichtbar am Himmel ist. Das ist meistens die Milchstraße. Für die Germanen und für viele Indianer ist die Milchstraße der Weg, auf dem die Toten laufen. Das ist für uns nicht logisch, denn wenn das Reich der Frau Holle unten ist, wie kann man da den Totenweg oben sehen? Oder dass in dem Märchen von Frau Holle das Mädchen, das ihre Spindel verliert – also praktisch ihren Lebensfaden verliert und in die andere Welt stürzt – dass sie dann wandert und so zum Haus der Frau Holle kommt. Da muss sie Betten schütteln, Federbetten, und wenn sie gut schüttelt, dann schneit es dicke Flocken auf die Erde. Obwohl sie doch hinab in den Brunnen gefallen war. Die jenseitige Welt hält sich eben nicht an unsere aristotelische Logik. Da ist alles anders, oft spiegelverkehrt. Die Toten gehen in die Unterwelt, aber sind zugleich im Himmel. Bei den Cheyenne ist die Großmutter unter der Erde zu finden, da hütet sie die Tiergeister und dort gehen auch die Schamanen auf ihren Schamanenreisen hin. Einsame Berge, Felsen und Seen, heilige Orte, sind Zugänge zu ihr. Zugleich ist die Großmutter aber auch im Himmel sichtbar, sie ist eigentlich eine weiße Wölfin, das ist eine ihrer Erscheinungen. Sie hat dann ihren Sitz oben bei dem Stern Sirius. Das ist kein Widerspruch.

Welchen Einfluss hat die kosmologische Vorstellung auf das eigene Leben, auf die eigene Lebensführung?

Diese alten kosmologischen Vorstellungen werden den Phänomenen gerecht, sie befriedigen unsere Sinne und unsere Seelen. So hat man seit Jahrhunderttausenden die

Welt erlebt – Himmel oben, Erde unten, die wärme- und lebensspendende Sonne, den Mond und die Wandelsterne, die sie durchmessen; den täglichen Reigen der Sterne um den Nordstern und so weiter. Und alles ist beseelt, ansprechbar. Wir sind nicht alleine, wir sind eingebettet in einen heiligen Kosmos. Dieser trägt uns, nährt uns und beschert uns Abenteuer. Das ist etwas anderes als ein endloses All, bestehend aus seelenloser Energie und Materie, aus Gegenständen, die man nach Belieben ausbeuten kann. Anders als eine sinnentleerte Welt „voller Furcht und Zittern", in die der Mensch ohne sein Zutun „geworfen" wurde und wo ihn ein sinnloser Tod erwartet. Kosmologische Vorstellungen haben sicherlich einen gewaltigen Einfluss auf das Leben.

Welche Rolle spielen die Megalith-Steinkreise in dieser Kosmologie?

Die Megalith-Gesellschaft, das war später als die paläolithischen Wildbeuterkulturen, da war man schon sesshaft. Die Steinkreise sind wie das alte Lagerfeuer, das fast immer mit Steinen umlegt wurde. Diese Steine sind dann einfach riesengroß geworden und mit Jahreszeitrhythmen, Aussaatrhythmen, mit dem sakralen Kalender der frühbäuerlichen Kultur verbunden worden. Es waren dann Kultstätten, echte Kathedralen der Jungsteinzeit.

Jäger und Sammler machen so etwas nicht in dem Maße, weil ihre Spiritualität nicht so aufwändig ist. Das setzt eigentlich eine Priesterschaft voraus und eine Königsherrschaft oder dergleichen.

Kapitel 9:
Vom Jäger zum Bauern – Neue Wege, neue Götter

Was veranlasste den Menschen dazu, sesshaft zu werden?

Das geschah nicht auf einen Schlag, sondern an wenigen Zentren vor ungefähr zwölftausend, höchstens vierzehntausend Jahren. Und das waren nur kleinere Gruppen, Jäger und Sammler gab es zusätzlich immer noch. Es gibt viele Theorien dazu: dass der Klimawandel stattfand, dass nicht mehr so viel Wild vorhanden war. Es gibt auch die Idee, dass die Jäger und Sammler auf ihren Wanderungen zu Lagerplätzen kamen, an denen sie schon mal waren. Dort hatten sie vorher ihre Abfälle hingeworfen, mögliche Konkurrenzvegetation wird zertrampelt, Kot und Urin reichern den Boden an, weggeworfene Samen von Früchten oder Getreide, was sie gegessen hatten, keimen und vermehren sich. Das sind ja meistens Pionierpflanzen, die schnell wachsen und in einem Jahr schon Saat machen. Man sagt also, dass die Pflanzen den Menschen sesshaft gemacht haben. Das lässt sich aber auch anders sehen – was natürlich vom heutigen Gesichtspunkt sehr verquer ist, aber was ich durchaus denken kann –, nämlich dass die Pflanzengeister und die Pflanzendevas die Menschen sesshaft gemacht haben. Sie haben die Menschen dazu gebracht, ihre Samen auszubreiten, andere Kräuter wegzujäten, äsendes Wild zu vertreiben. Dafür haben ihnen die Pflanzen üppig Nahrung gegeben, und das war dann der Anlass, dass immer mehr Menschen sesshaft wurden. Die Pflanzen selber haben die Menschen sesshaft gemacht.

Diese neolithische Revolution ging ja wahrscheinlich nicht ohne Konflikte vonstatten. Ist die Geschichte von Kain und

Abel ein Konflikt zwischen den beiden Gruppen, den Jägern und Sammlern und den Sesshaften?

Die Geschichte von Kain und Abel ist weniger ein Symbol für die Jäger und Sammler und sesshafte Gesellschaft, das ist eher ein Abbild der damaligen Zeit im Nahen Osten, wo diese Stammesgeschichten, die in der Bibel aufgeschrieben sind, stattfanden. Da gab es die Spaltung zwischen den sesshaften Ackerbauern, die fruchtbare Böden nutzten, und dann den Hirten, die ihre Tiere in unfruchtbare, halbwüstige Gebiete trieben, wo Ackerbau schwieriger war. So gab es einen Konflikt, weil die einen gerne ihre Tiere weiter weiden lassen wollten, während die anderen gerne ihre Äcker weiter ausbreiten wollten. Die frühen Hebräer, die waren vor allem Hirten, und ihre Feinde waren diejenigen, die dann als Bauern in den fruchtbaren Flusstälern lebten. Und die Stammesgottheit dieser Hirten hat gesagt: „Der ist verflucht, der Ackerbauer, seine Opfer nehme ich nicht an, aber die Opfer des Hirten, die nehme ich an." Daraus entsteht der Konflikt, es ist ein ökologischer Konflikt. Auch das Verbot des Schweinefleischs hat überhaupt nichts mit der Trichinose zu tun oder mit Krankheiten, die ein Schwein übertragen kann, denn es sind mehr Krankheiten durch Rinder übertragen worden. Masern, Pocken, Tuberkulose, zum Beispiel. Von jedem domestizierten Tier kamen Krankheiten, die jetzt heute bei uns zum größten Teil zu Kinderkrankheiten geworden sind, weil wir Immunität erworben haben. In Babylon wurde sogar die Göttin – wie bei den Kelten – als Sau, als Symbol der Fruchtbarkeit und der Lebensfreude, verehrt. Wenn man ein Hirte mit Ziegen und Schafen und vielleicht ein paar mageren Rindern ist, dann mag man nicht diese Schweinehüter, denn

Schweine brauchen Wasser und sie wühlen und man kann sie nicht als Herde über die Wüste treiben. Das waren dann immer die Feinde, die die Schweine hatten. Und so wurde das Schweinefleisch bei den Wüstennomaden tabuisiert. Dort, wo man Ackerbaugesellschaften hatte, da hatten vor allem die Frauen ein großes Gewicht. Denn bei den brandrodenden Völkern und den Gartenbaukulturen wie den Irokesen machen die Frauen die meiste Arbeit. Schon in der Steinzeit gab es Gruppen von Frauen, schwangere Frauen, Frauen mit kleinen Kindern, alte Mütter, die haben in der Erde gegraben, die Wurzeln rausgeholt, essbare Pflanzen gesammelt. Frauen waren für die Pflanzen verantwortlich. Deswegen waren auch die Heilpflanzen ein Bereich der Frauen. Sie kannten sich damit aus. Wenn in diesen Gesellschaften Männer etwas über Heilpflanzen wissen, dann sind es meistens Schamanen. Oder es gibt eine Art „bisexuelle" Magier, so wie bei dem Germanen Odin. Der war ein Mann, beherrschte aber die Zauberkunst der Frauen. Diese hatte zu tun mit dem Sieden der Kräuter, wohinein Zaubersprüche gemurmelt wurden. Er war einer der wenigen, der das kannte. Aber eigentlich war das Frauensache, genau wie Salbenkochen, heilen, der Anbau von Pflanzen, die tägliche Ernährung. Das Jagen, also mehrere Tage lang ein waidgeschossenes Tier verfolgen und dann das Fleisch zurückschleppen usw., das war mehr eine Aufgabe für die Männer. Die haben dann meistens nicht viel im Feld gearbeitet. Diese Arbeitsteilung findet man übrigens viel bei Völkern auf dieser Stufe, so eine Art der Arbeitsteilung. Die Männer liegen faul rum, bis die Frauen sie auffordern, endlich loszuziehen und für neues Fleisch zu sorgen. Das sind ganz ursprüngliche, natürliche Arbeitseinteilungen. Im Neolithikum war alles, was mit Pflanzen, dem Anpflanzen und Landwirtschaft zu tun hatte, vor allem Frauenarbeit, und deswegen gehörte das Land in die Vererbungslinien der Frauen, matrilinear nennt sich das. In den Ackerbaugesellschaften waren die Frauen sehr wichtig und Muttergöttinnen hatten einen wichtigen Status. Ganz anders bei den Hirtengesellschaften, ob das nun die Mongolen, die Hunnen oder die Hebräer sind, die waren sehr patriarchal ausgerichtet, und dort geht auch die Vererbungslinie über die Männer. Man brauchte eine schlagfeste Truppe, die die Herden führen und behüten konnte, denn wenn etwas abgegrast war, musste man weiter ziehen. Begegnete man dann einem anderen Stamm mit seinen Herden, kam es zu einem Konflikt. Also musste die Truppe wehrhaft sein, sie mussten aufeinander eingespielt sein. Das ging am besten, wenn es sich in der Gruppe um Verwandte handelte, am besten um Blutsverwandte, denn da steht man füreinander ein. Die Frauen zogen mit den Herden mit, die butterten die Stutenmilch und machten alles andere. Aber dieses Reiten und Kämpfen, das war Männersache. Sollten die Männer im Kampf unterlegen sein, dann sind die Frauen quasi Beute für den anderen Stamm. Das ist absolut patriarchal, so eine matriarchale Ausrichtung kann es dort praktisch nicht geben. Bei den frühen Bauern, den Hackbauern und Gärtnern, da war es so, dass der Mann meistens zur Frau zog, so wie bei den Irokesen. Denn das Land kann man nicht bewegen, und da zog der Mann zur Frau. Diese Regeln haben mit der Ökologie zu tun, es ist nicht irgendwas Abstraktes oder eine absichtliche Unterjochung oder Unterdrückung. Es ist einfach das, womit die jeweilige Gesellschaft am besten überleben und am besten leben kann.

Und wie erklärt sich der Schritt zur Viehzucht? Wie kam es zur Domestizierung der Tiere?

Vielleicht wurde auf der Jagd ein Muttertier erlegt, und dann hat man die Jungtiere quasi als Spielzeug mitgenommen. Man hat sie im Gehege gehabt und so begann dann langsam auch die Tierhaltung. Bei den Hunden könnte es so sein, dass einige als Jungtiere aufgenommen wurden, sie sind ja genetisch als gesellige Tiere veranlagt. Die Menschen lassen Knochen zurück und auch ihren Kot, und dann kommen die hungrigen Wölfe, fressen das und ziehen mit. Und ab und zu wird ein Junges aufgenommen. Genetische Untersuchungen zeigen, dass der Hund vom Wolf abstammt und dass diese Abzweigung vor ungefähr 150.000 Jahren geschah. Ich nehme an, dass schon die Steinzeitmenschen mit Hunden alliiert waren und zum Teil zusammen gejagt haben. Die Hunde waren ein Teil der Gruppe, nur waren sie ein bisschen weiter draußen, an der Peripherie des Lagers. Sie warnten die Menschen, wenn Wildtiere kamen, sie warnten, wenn irgendwelche bösen Geister kamen. Sie fraßen die Abfälle, man hatte sie gerne, und die Verbindung muss uralt sein. Das ist nicht erst seit dem Neolithikum so, dass ist paläolithisch, die Beziehung zu Hunden.

Ich bin in Indien oft gewandert, und dort in Indien sind ja die Hunde nicht an der Leine, sondern frei. Und wenn ich da gewandert bin, kam manchmal ein Hund daher und setzte sich einige Meter entfernt ab, schaute mich an und sagte: „Hey, kann ich dein Freund sein?“ Und ich sagte: „Ja, gut.“ Der hat mich dann tagelang begleitet. Das ist ein wunderbares freies Verhältnis. Vielleicht hatten die ersten Hunde mit den Menschen so ein freies Erlebnis. Das war dann eine wunderbare Kooperation beim Jagen, Aufscheuchen des Wildes, beim Hüten, beim

Beschützen des Kreises. Für die australischen Ureinwohner sind es die halbwilden Dingos. Das sind Urhunde, die sie bei der Besiedlung des Kontinents mitgebracht haben. Dingos waren wichtig für die Aboriginies, wenn es nachts kalt wurde. Da gab es tatsächlich diese Einteilung der Nächte in eine Einhundnacht, in Zweihundenächte, Dreihundenächte etc. Die Hunde schlafen beim Menschen und halten sie warm. Und im Notfall, wie bei den Indianern auch, wenn es einmal eine Hungersnot gab, da konnte man auch einen Welpen essen. Bei den Cheyenne gibt es immer eine Menge Hunde. Die Cheyenne lieben das Wilde, sie sind selber sehr wild. Der alte Tall Bull sagte mal zu mir: „Wir haben Hunde gerne, denn Hunde träumen. Es sind starke Träumer, sie träumen von Fleisch. Und wenn sie von Fleisch träumen, dann kommt das Fleisch auch näher, dann haben auch wir zu essen."

Es gibt in der griechisch-orthodoxen Kirche den Heiligen Christopherus, der auch mit einem Hundekopf dargestellt wird. Er sieht fast aus wie eine ägyptische Götterfigur …

Ja, das kommt zum Teil aus Ägypten und auch dem Nahen Osten. Der Heilige Christopherus war eigentlich so etwas wie der Anubis, der die Seelen über den Strom in die Anderswelt trägt. Anubis ist der Totengott der Ägypter, und der ist hundsköpfig. Hunde sind ja immer Seelenführer in die andere Welt, aber sie sind auch Tiere für Schamanen. Hunde haben so feine Sinne, dass sie als hellsichtig gelten. Und diese Hellsichtigkeit überträgt sich, wenn man sich in das Hundesein einklinkt – dann kann die Seele Zugang zur anderen Welt haben. Die Hunde können den Schamanen oder im Mittelalter den Zauberer in diese Welten hineinführen. Hunde sind zum Teil Seelenführer. Natürlich nicht unsere armen, gequälten, hier an der Leine gegängelten, überfütterten Tiere, aber wenn man Hunde als freie Wesen sieht, ist es ganz wunderbar.

Wie wirkte sich die neue Sesshaftigkeit auf den Glauben und die Ausübung dieses Glaubens aus? Wie verbreiteten sich die verschiedenen Religionen? Konnte man mehreren Glaubensformen angehören?

Bei den Naturvölkern, bei den Jägern und Sammlern, war es meistens so, dass jeder seine direkte Erfahrung hatte. Schamanentum basiert ja nicht auf Glauben, sondern auf direkter Erfahrung. Und im Neolithikum, als die Menschen sesshafte Ackerbauern wurden, da wurde die erzeugende, nährende Mutter, die ja schon in der Altsteinzeit als Frau Holle und die Herrin der Tiere veranlagt ist, als Erdmutter und Gebärerin wichtiger. Aus ihrem fruchtbaren Schoß gebar sie die Früchte der Erde, das Getreide, Obst, Wurzeln, die die Menschen am Leben hielten. Diese Früchte wurden als die geopferten Kinder oder der Sohn der Großen Mutter imaginiert. Im archaischen Denken – schon veranlagt bei den Jägervölkern, die Jagdopfer brachten – darf nichts einfach genommen werden, es bedarf einer Gegenleistung, eines Opfers. Im Neolithikum entwickelte sich ein regelrechter Opferkult, ein Sühnekult. Ein Priestertum entstand, das für diesen Ausgleich zuständig war. Die Gegenleistungen für die Gaben der Göttin wurden mit der Zeit immer aufwendiger. Blutige Opfer von Ziegenböcken, Stieren und anderen vorwiegend männlichen Tieren; in der Bronzezeit steigerte sich das zu Menschenopfern, oft wurden Königssöhne der Göttin geopfert. Der spanische Stierkampf, der Attis- und Adoniskult sowie das Christentum haben ihre Wurzeln in diesen neolithischen

Opferritualen. So etwas kannten die einfachen Jäger und Sammler nicht. Die Hirtennomaden, die die Steppen und Landschaften besiedelten, die für Ackerbau ungeeignet sind, erfuhren eine andere Entwicklung. Hier spielte die Erdgöttin, die Große Mutter, eine weniger wichtige Rolle. Himmelsgötter, Astralgötter wurden hervorgehoben. Bei den indoeuropäischen Rinderhirten, zum Beispiel, galt die Sonne als ein Krieger, der mit einer Quadriga, einem Vierergespann, siegreich den Himmel durchquert. Sturmgötter, Pferdegötter und die heilige Kuh wurden wichtig.

Ob man verschiedenen oder mehreren Glaubensformen angehören konnte? Nun das kommt darauf an. Bei vielen Völkern, in Indien noch heute, ist es so, dass man eine besondere Beziehung zu diesem und jenem Gott oder Kult hat. Es sind die Gottheiten, die dabei den Menschen aussuchen, ihr Diener, Sklave, Gefährte oder Freund zu sein. Auch anerkannte man die Götter der anderen Stämme und oft lagen die eigenen Götter im Streit mit den anderen. Buchreligionen, die nur einen einzigen absoluten Gott und ein einziges Dogma kennen, sind kulturanthropologisch gesehen jüngere Entwicklungen.

Offenbar gibt es in der Menschheitsgeschichte eine Bewegung vom Pantheismus oder Panentheismus zum Monotheismus – oder zumindest hat sich der Monotheismus durchgesetzt. Woran liegt das? Und verläuft diese Bewegung vielleicht auch in Zyklen, so dass wir uns langsam in eine andere religiöse Weltsicht hineinbewegen?

Ob es wirklich eine Entwicklung in Richtung Monotheismus gibt, kann hinterfragt werden. Es gibt eine ethnologische Richtung, die Wiener Schule der Ethnologie unter Wilhelm Schmidt. Die gilt zwar als längst überholt, aber sie liefert dennoch unzählige Beispiele und Beweise, dass die einfachen Jäger und Sammlervölker, die Naturvölker, durchaus an ein Höheres Wesen glaubten. Schmidt hatte Zugang zu all den Akten und Beschreibungen der Jesuiten. Die Jesuiten waren ja überall und haben dort fleißig notiert, was die Leute glaubten. Und die sprechen von einem Urmonotheismus und davon, dass am Anfang der Glaube an eine Gottheit oder an eine Göttlichkeit war, der *deus otiosus*, und dass dann erst die Vielgötterei kam. Das waren natürlich Jesuiten, die damit auch zeigen wollten, dass die katholische Kirche der ursprünglichen Idee am nächsten steht. Dieses Höhere Wesen, der Gott der Götter, der *Deus otiosus,* hat sich zurückgezogen, wie ein alter Häuptling, und seine Geschäfte den anderen Göttern, den Ahnen, Geistern, Heiligen usw. überlassen. Es ist ja noch immer so im Christentum, welches ja offiziell monotheistisch ist, dass es neben der Trinität eine Unzahl von Engeln und Teufeln gibt, die aktiv sind. Und man bittet die Heiligen oder die Maria für Fürsprache. Übrigens sind die meisten der Heiligen verwandelte oder vereinnahmte römische, keltische oder germanische Gottheiten. Der Jäger Hubertus, der vor Christus in einer Hirschgestalt kniet, ist der umgewandelte keltische Totengott Samos, der im November den Sonnenhirsch erlegt. Das nur als Beispiel.

Im Grunde ist die indische Philosophie Monismus, alles ist göttlich. Es ist kein Polytheismus, ist auch kein Monotheismus. Aber je nach dem Geistes- oder Seelenzustand oder der Entwicklungsstufe des Menschen kann das Göttliche anders erscheinen. Für einen mütterlichen Typ kann das Göttliche zum Beispiel als Baby Krishna erscheinen, so niedlich, so ein kleines göttliches Kindlein. Das nascht heimlich Butter. „Du frecher Bengel, komm mal her, hast du Butter genascht?“ „Nein,

Mama." „Das glaub ich nicht, mach deinen Mund auf!" Und dann macht Krishna den Mund auf und man erblickt darin das ganze Universum. Alles ist Gott. Alles ist Shiva, oder alles ist Vishnu oder Kali, je nach Betrachtung. Es gibt nur Gott und nichts anderes, die vielen Götter und Gottheiten sind nur die Gesichter des Höheren Selbst, mit denen es sich den verschiedenen Seelen zeigt. Dem jungen Mann, der nach seiner Lebensaufgabe sucht, zeigt es sich vielleicht als Hanuman, der kräftige „Affengott"; dem Schriftsteller als Saraswati, die Göttin die alles ins Fließen bringt; dem Händler als Laksmi, die Göttin aus deren Händen Goldmünzen fallen, usw. Überall kann sich Gott offenbaren, in einem Hund, in einer Blume, im Gesicht eines Vagabunden, überall. Das kommt dem Pantheismus nahe, ist aber viel bunter, viel lebensnaher.

Dass es eine Evolution des Gottesglaubens oder der Religion gegeben hat, gehört mit zu unserer Fortschrittsideologie. Die Wilden haben Geister und Zauberglaube, sind abergläubisch und sexuell promiskuös, die Barbaren haben Vielgötterei und sind polygam; die Zivilisierten haben einen Hochgott und monogame Ehen. Das ist aber, wie gesagt, Ideologie. Der moderne Einheitsstaat, mit einheitlichen Gesetzen und Bestimmungen, scheint eine einheitliche Mono-Religion zu begünstigen. Aber inzwischen scheinen wir uns ja in Richtung einer säkulären, post-religiösen Gesellschaft zu bewegen.

Gibt es einen Grund dafür, dass die monotheistischen Religionen aus dem Nahen Osten stammen?

Wenn man in der Wüste im Sinai lebt, wo die Berge so karg sind, es nur Himmel und Steine gibt ... da kann man gut Monotheist sein. Aber wo Wälder oder Urwälder, Dschungel usw. sind, da ist das vollkommen fehl am Platz.

Das ist auch eine Sache der Definition, ob es sich um einen oder mehrere Götter handelt. Sind nun die Seraphim, Cherubim und die Erzengel Götter? Ja, eigentlich, wenn man sich die Kirchengeschichte ansieht, dann sind sie wie Götter, werden aber Engel genannt.

Kapitel 10:
Stadt und Land, Christentum und Heidentum

Von der Höhlenmalerei zur Kathedrale ist es ein weiter Weg. Ist die Intention die Gleiche?

Ich glaube, das ist schon ein bisschen etwas anderes. Die Höhlenkunst, das war eine Kommunikation mit den Tiergeistern, der paläolithischen Göttin oder den Herren der Tiere. Ich würde nicht sagen, dass die Höhlen wie Kathedralen sind. Es sind Orte, die mit anderen Dimensionen zu tun haben. Das ist schon ein bisschen etwas anders. Die Kathedralen haben zwar auch ihre Wurzeln in der Natur. Die ersten Kirchen, die romanischen Kirchen, kommen aus dem Mittelmeerraum. Dort brennt die Sonne heiß, und da geht man dann zur Abkühlung in die Grotte. Dort ist es angenehm kühl und da kann man gut meditieren. In Bethlehem wurde Jesus in einer Grotte geboren. Wir haben das hierzulande zu einem Stall gemacht, aber im Grunde genommen war das eine Grotte. Die Theophanie, also die Offenbarung des Göttlichen, ist dort in einer Grotte geschehen. Viele Götter und Göttinnen wurden in Grotten verehrt. Die romanische Kirche ist eine Nachempfindung dieser Grotten. Bei den Germanen und den Kelten, da gab es erst in ganz später Zeit Tempel. Da war der Wald selber ein Tempel. Der Weltenbaum dieser Völker, der Kelten, Germanen, Slawen, war immer die Eiche, da hat man gethingt, da wurden die Konturen der Welt festgesetzt, da hat der König sein Gericht gehabt, aber die Heiligkeit selber kam in den Hallen der Buchenwälder am stärksten zum Ausdruck. Denn die Buche ist ja die Klimaxbaumart in großen Teilen Europas oder Mitteleuropas, und die Buchenwälder sind wie Hallen, da wächst auch nichts anderes. Nur im Frühling, bevor die Blätter kommen, schauen ein paar Blümchen, so wie der Sauerklee oder die Zahnwurz, hervor. Dort hat man das Gefühl einer Gottesnähe im rauschenden Wald. In dem Rauschen hat man das Raunen der Götter erlebt. Es hat fast tausend Jahre gedauert, ehe die Wände der Kirchen immer höher wurden. Dann kamen die Säulen und die verglasten Fenster hinzu, und dann hatte man wieder das Gefühl des Buchenwaldes. Wenn man in eine alte gotische Kathedrale kommt, da ist man in einem steingewordenen Buchenwald. Das entspricht sozusagen dem morphogenetischen Feld dieser Völker.

Wie konnte sich das Christentum letztlich durchsetzen?

Bei den meisten Naturvölkern ist es so, dass die Täuflinge Taufhemdchen bekamen. In Afrika, da bekommen sie Reis oder heutzutage vielleicht Medizin.

Letztendlich ist es so, dass ein Fürst den neuen Glauben probiert. Er gewinnt dann eine Schlacht und dann wird es eben eine Staatsreligion. Wer es nicht annimmt, wird entweder umgebracht oder geht woanders hin. Also, was soll man dazu sagen?

Als die Christianisierung in Europa stattfand, das war ja ein langer Prozess über hunderte von Jahren. In Irland und Schottland haben die Kelten das Christentum sozusagen als Gegenpol gegen die heidnischen, Wotan anbetenden Angeln und Sachsen angenommen, aber sonst ging die Bekehrung eigentlich recht brutal und blutig zu wie beispielsweise durch Karl den Großen. Es heißt ja, dass in Fulda die Sachsen gefragt wurden, ob sie den neuen Glauben annehmen wollten, und diejenigen, die Nein sagten, die wurden geköpft. Das Blut floss dort knöcheltief durch die Gassen, als sie enthauptet worden sind. Ja, und das sind dann Staatsreligionen.

Hat das Christentum denn mit seinem Fokus auf Nächstenliebe und Vergebung etwas Neues in die Welt gebracht, was vorher noch nicht in dieser Form vorhanden war?

Das sagen sehr viele. Ich meine, es hat anscheinend die Blutrache unterbunden, aber die wurde sowieso gerade weniger, stattdessen wurde Wehrgeld gezahlt. Unter vielen Völkern gibt es so etwas wie Güte und Nächstenliebe, das ist keine Erfindung des Christentums.

Hat das Christentum mit seinem Weltbild eine Mitschuld an der derzeitigen Umweltzerstörung?

Da muss man zunächst noch viel weiter zurückgehen, und zwar bis zu Zarathustra. Das war ein Kamelhirte im alten Persien. Die Perser hatten eine Religion, die war ganz nah mit der indoarischen verwandt. Mit verschiedenen Göttern und dergleichen. Zarathustra hatte die Vision, dass sich die Welt in Gut und Böse teilt. Der Mensch muss sich entscheiden, und alles ist entweder gut oder böse. Und das, was den Menschen und insbesondere den Bauern nutzt, ist gut. Die Rinder sind gut, die Hunde sind gut, also die zahmen Tiere sind gut. Das, was da krabbelt und kriecht und die Skorpione, Schlangen und die Wölfe sind böse. Das Gute ist von Ahura Mazda, dem Schöpfer, geschaffen worden, und das Böse ist vom Gegenspieler, Ahriman; er hat das Gute verdorben. Da kam es das erste Mal zu dieser Zweiteilung. Entweder – Oder, Gut – Böse. Und diese Einstellung entwickelte sich dann weiter. Das Ackerland ist gut, die Stadt, die zivilisierte Welt ist gut, die Wildnis ist böse. Da halten sich böse Menschen auf, das sind wilde Menschen, da sind Dämonen. Und diese Teilung, die währte schon vor dem Christentum – der zarathustrische Gedanke ist in das Judentum übergegangen. Hier in Nordeuropa, wo so viel Urwald war, das war ja schon für die Römer ein Graus, alles nur Wald, Nebel und schlechtes Wetter. Es heißt, ein Eichhörnchen konnte von Dänemark durch ganz Deutschland und Frankreich bis nach Spanien hüpfen, ohne die Bäume zu verlassen. Damals wurde es als Wohltat gesehen, diese Wildnis, wo die Dämonen hausten, abzuhacken und das Land urbar und fruchtbar zu machen. Die Wildnis und die Natur galten als etwas Ungutes. Und das ist dann ein Teil des Christentums geworden. Die Mönche, die haben versucht, die Natur zu zähmen, den äußeren wie den inneren Urwald zu roden. Heilige haben die Bäume abgehackt: Der heilige Martin, St. Martin, hat in der Nähe von Marseille heilige Bäume der Kelten umgehauen, und Bonifatius, der hat die Donar-Eiche gefällt. Ja, das Fällen heiliger Heidenbäume bedeutete eine Zerstörung des Weltbildes dieser Eingeborenen, und in diesem Sinne war es auch gegen die Natur gerichtet. Ausnahmen gab es, wie der Heilige Franz oder auch Hildegard von Bingen, die sich mit Heilpflanzen beschäftigt hat. Sie war tatsächlich in der Tradition der germanischen Seherinnen, der Veledas und Walas und Völvas. Diese waren ja schon in der Antike bis über Rom hinaus bekannt, bis nach Alexandrien ging der Ruf ihrer Hellsichtigkeit.

Bonifatius hatte in der Synode von Liftinae, das war 743, die Naturverehrung absolut verboten. Brunnenschmücken, Baumverehrung, Flurgänge, auch das Kräutersammeln. Andere Synoden fassen ähnliche Beschlüsse. Da zeigt sich schon diese Naturfeindlichkeit.

Die Schamaninnen und die Priester – bei den Germanen waren es vor allem Schamaninnen –, die waren sehr naturverbunden. Sie kannten die Pflanzen und die Natur, und es galt für die christliche Kirche, sie zu bekämpfen und ihre heiligen Orte, Brunnen, Bäume, Felsen, oder ihre Praktiken zu entwerten. Das geschah, um etwas anderes zu etablieren, um den Blick frei zu machen für einen transzendenten, allmächtigen Gott und für die Schuld der Menschen, die Erbsünde, die der Sühne bedurfte und der Heilsbotschaft. Das schien wichtiger als die Natur.

Später erst, über Hildegard von Bingen, wurden dann auch die Kräuter wieder geheiligt. Und der heilige Franz sprach die Geschöpfe als Brüder und Schwestern an. Aber die Natur galt an sich trotzdem nicht mehr als heilig. Aber dann, als die Aufklärung kam, da hat sich die Kirche immer mehr der Heilpflanzen angenommen, und jetzt gibt es Kräutergärten neben der Kirche, Nonnen und Mönche pflegen Heilkräutergärten, und Kräuterpfarrer wie der alte Kneipp, Johann Künzle oder Hermann Joseph Weidinger sind beliebt. So wandeln sich die Dinge, so wandelt sich das Yin zum Yang und das Yang zum Yin.

Könnten heidnische Wege wiederbelebt werden? Wäre das eine Möglichkeit, wieder mit der Natur in Kontakt zu kommen?

Nein, das ist dann sehr kultig und gezwungen. Dann gibt es Menschen, die sich aufspielen als die Oberpriester mit merkwürdigen Ritualen, so wie bei manchen Neodruiden. Ich denke, das ist eigentlich alles ziemlich dekadent. Ich glaube, das ist nicht der richtige Weg. Der Weg ist das Unmittelbare. Also die Erlösung der Natur geschieht dadurch, dass man sich Zeit nimmt und die Schönheit empfindet oder sich neben eine Pflanze setzt und mit ihr meditiert. Wir denken immer, Meditation heiße, dass man die Welt wegschickt und nur nach innen, in die Leere des Seins oder was auch immer meditiert. Aber man kann das Göttliche genauso draußen finden. Das göttliche Licht leuchtet in der Seele, aber auch in der Natur. Wenn ich mich zu einer Blume hinsetze und ihren köstlichen Duft rieche, das kann man nicht in Worten beschreiben. Und dann die zarte Gestalt und wie sie wächst, in Verbund mit der Sonne, und wie sie mit der Erde verbunden ist. Je tiefer man in das Phänomen hineingeht, umso schöner wird die Pflanze, und auf einmal sieht man sie leuchten. Das ist dann kein physikalisch messbares Leuchten mehr, man sieht schon in das Ätherische hinein. Und zur gleichen Zeit geht man tiefer in die Seele. Was da am Anfang nur ein äußeres Wahrnehmen ist, wird zu einem tiefen Schauen.

Ich war einmal mit meinem Sohn in Südafrika, und er war damals gerade in dem Alter, wo alles cool oder „uncool" ist. Das Wort „cool" kommt aus der Sprache der Heroinsüchtigen aus New York. Die sind so cool, nichts bewegt sie, nichts juckt sie, nichts geht sie etwas an, nichts macht sie heiß. Die sind einfach total cool, das heißt, die sind so weit weg von der Welt. Und das wird der Jugend fast wie ein Ideal vorgetragen. Cool sein. Er war mit 14 Jahren also sehr cool. Und dann, in der freien Natur, lief eine Giraffe gerade an uns vorbei, und ich sagte aufgeregt: „Hey, da ist eine Giraffe!" „Ja, ich habe es gecheckt", antwortete er und hat dann nicht mehr hingeschaut. Oder es kamen Paviane, und die setzten sich auf das Auto und spielten. Ja, man ist zu cool das anzugucken; er hat es gecheckt. Und das ist ein Teil der heutigen Mentalität. Wir checken Dinge im Fernsehen, so check, check, aha, langweilig, check, check, check und zappen vielleicht in einer Stunde durch zehn, zwanzig Programme. So begegnen wir dann auch der Natur. Und wir checken dann. Aber das Verweilen und das Hineinfließen, seelisch hineinfließen, das ist etwas anderes. Erst dann fangen die Phänomene an zu leuchten, und wenn man ganz, ganz tief hineingeht, dann kommt das Seelenwesen, das hinter dieser Erscheinung steht. Das makrokosmische Seelenwesen kommt zum Vorschein. Das ist der beste Naturschutz, denn so bringen wir diese Wesen wieder hinein in unser Bewusstsein, in unser Leben, und stärken sie.

Einer meiner alten Lehrmeister, Arthur Hermes, eine Art Bauern-Philosoph, der erzählte mir aus seiner Jugend. Er sagte, die Bauern, die mit Ochsen pflügten, waren die besten Bauern. Denn der Ochse läuft langsam, und so konnten sie die Erde sehen und riechen und spüren. Die mit Pferden pflügten, das ging viel schneller, die waren nicht so eingestimmt, nicht so gute Bauern, weil das schon fast zu schnell ging. Und mit Traktoren, da verliert man fast schon das Phänomen.

Naturschutz ist, dass wir wieder unsere Seele verbinden, dass wir das Natürliche, Urwüchsige wieder hereinrufen. Hereinrufen ins Dasein. Aber alle, fast alle Menschen sitzen heutzutage die ganze Zeit am Computer, sind im Internet, leben in virtuellen Welten, und das andere interessiert nicht mehr und verkümmert und schwindet in den Hintergrund. Wenn man vor dem Fernsehen sitzt, ist es ja interessant, aber im Grunde genommen sitzt man eigentlich vor einer elektronischen, leblosen, nur das Leben vorgaukelnden Mechanik, und die Menschen verhungern seelisch. Das sagt auch der Häuptling Seattle: „Was wird aus den Menschenseelen, wenn die wilden Tiere nicht mehr da sind? Was wird aus uns, wenn kein wirklicher Vogelgesang mehr ist oder wenn wir unter einem Baum sitzen, und da sind keine Bienen da, die summen? Wir werden vor seelischer Einsamkeit eingehen." Und wir werden uns versuchen am Leben zu halten mit geistigem Junkfood, das aus diesen virtuellen Quellen herauskommt. Wir werden immer mehr konsumieren müssen, im Versuch, die Leere, das Defizit wieder auszugleichen.

Philip Carr-Gomm hat einmal gesagt, dass mit jeder Tierart, die ausstirbt, etwas in uns stirbt …

So ist es, ja. Aber auch mit jeder Kultur. Jede Sprache ist wie ein Fenster, ist wie ein Wunder, denn in jeder Sprache hat man einen anderen Zugang zur Welt. Und es ist schlimm, dass ein Sprachsterben und ein Sterben von Kulturen stattfinden und dass wir allmählich einen globalisierten, kommerziellen Brei haben. Egal, wo man jetzt hinfährt, also ob ich nun nach Mexiko City fahre oder sonst wo, überall findet man dieselben Hotels, dieselben Fastfood-Ketten. Das ist ein großer Verlust.

Und die Menschen werden ununterscheidbar, das ist für mich ein Problem. Wenn ich hier meine Kurse mache, dann haben alle dieselben Versicherungen, die nehmen alle dieselben Pillen ein, die bekommen dieselben Brillenverschreibungen, die haben dieselben Haarschnitte, die tragen dieselben Moden – und dann sehe ich sie das nächste Mal, und dann weiß ich nicht mehr, wer die sind. Das ist mir richtig peinlich. Wenn jemand er selbst ist oder diese Individualität, dieses Abbild des göttlichen Geistes in Menschenform besitzt, das vergisst man nicht so leicht.

Wie könnte denn ein Leben heute aussehen, das eins ist mit der Natur?

Da kann ich ein ganz konkretes Beispiel nennen. Arthur Hermes war einer meiner wichtigsten Lehrmeister. Als ich Gärtner in Genf war, da wollten wir die Weihnachtstage auf eine besondere Art und Weise begehen. Und unser Bauer sagte, er kenne einen Weisen, der wohne da in den Bergen, ein alter Mann, über 80 Jahre alt. Der würde kommen und uns sozusagen unterhalten. Er würde Puppen nähen, Ton modellieren und uns irgendetwas über Landwirtschaft erzählen. Ich dachte, da kommt so ein kleines esoterisches Männlein, aber da kam ein mächtiger Bär, und wenn man ihm Guten Tag sagte und die Hand drückte, war es, als würde man die Hand in einen warmen Ofen halten. Man sah so eine richtig starke Persönlichkeit. Wir haben ihn dann später besucht, er wohnte auf einem Einödhof im Jura. Die Schweizer Bauern hatten ihn nach dem Krieg gebeten, zu ihnen zu kommen, weil er mit den Tieren reden konnte. Er konnte sehen, was ihnen fehlte. Als Sechzigjähriger zog er also dorthin, der Hof war schon zehn Jahre brachliegend. Er kam mit seinen Ochsen und Milchschafen und Hühnern und hat das Land mit Ochsen wieder gepflügt. Er hat ins Haus, wo dann später das Schlafzimmer war, die Hühner hineingetan und hat alles mit Sorgfalt und Liebe bearbeitet. Und dieser Hof hatte den keltischen Namen „Le Biolles“ und war lange ein Lehen der Mönche von Chartres gewesen, also ein heiliger Ort. Da waren echte Menhire, Megalithsteine und auch Schalensteine. Und es war, als gehörte er dort hin. Als ich ihn sah, kam er mir vor wie ein Druide, aber dann später habe ich gedacht, er ist wie ein Priester aus der Megalithzeit. Er lebte ganz im Einklang mit den Jahreszeiten. Er fing an, am Morgen die Sonne zu grüßen und am Abend zu verabschieden, und er sagte, es sei wichtig, den Morgen mit dem Abend zu verbinden. Er säte am Michaelstag das Michaelskorn. Säte es von Hand und säte es mit den Gedanken an den

Heiland, der für ihn der inkarnierte Sonnengeist war. Für ihn war die Erde die Mutter Erde, und er konnte nicht verstehen, wie einige wissenschaftlich ausgebildete Menschen nicht sehen konnten, wie die Erde die Mutter ist. Keine bloße chemische Zusammensetzung mit irgendwelchen Bodenbakterien. Nein, für ihn war sie ein lebendes Wesen, Mutter Erde. Er hat alles mit größter Sorgfalt gemacht. Im Winter hat er Puppen geschnitzt, aber mit dem Gedanken, dass seine Gebete und Gedanken für die Kinder als Segen mitgehen. Im Sommer hat er mit den Ochsen gepflügt, und es wurde mit der Sense gesenst und alles sehr gemächlich und sehr schön. Für mich war er wirklich wie jemand aus einer anderen Dimension. Er hat mich und meine Frau praktisch verzaubert. Und wir waren ganz in diesem Geist drin, wir waren seine Schüler. Auch wie er den Garten machte! Er hat die Pflänzlein in die Hand genommen, hat sie mit der inneren Sonne beschienen und hat sie wie kleine Kinder in die Erde eingebettet und dann mit Mulch rundum bedeckt. Er sagte, die seien wie kleine Kinderchen, die man ins Bett legt und zudeckt. Wenn Besucher kamen, dann kam ein Specht angeflogen und hat es gemeldet. Er hat sich dann geistig darauf eingerichtet, hat seine Arbeit beiseite gelegt, um den Besuch richtig zu empfangen. Also es war sehr, sehr interessant. Für ihn gab es auch Zeiträume wie bei den Germanen. Er teilte die Zeit in Räume auf. Das heißt, jede Jahreszeit war ein Raum, der von einer Gottheit beherrscht wurde. Im Frühling beispielsweise taut der Schnee, und es werden die Himmelsschlüssel wachsen. Die gehörten in der alten Kultur der Freya, der Göttin, der Herrin. Die sehen ja auch aus wie ein Schlüsselbund. Mit diesen Schlüsseln hat sie den Raum aufgeschlossen, damit der Lenz kommt. Und jeder Zeitabschnitt, Hauptabschnitt, ist ein Zeitraum. Und so ist jeder Tag ein Zeitraum und jede Tageszeit ein Zeitraum, den ein Zeitengeist oder eine Gottheit beherrscht. Für ihn war jeder Tag ein Zeitraum. Der Montag war für ihn ein Mondtag. Da hat er nur Heilpflanzen gesammelt, die die Mondsignatur hatten. Das Gemüse und die Nahrung, die er gegessen hat, waren an dem Tag Mondgemüse, und er hat sie mit Mondhölzern, Weide, Pappel oder Kirschholz, gekocht. Und am Dienstag war Marstag, da war Marsgemüse, rotes Gemüse, pfeffriges Gemüse und dergleichen dran, und Marsholz, Eiche, knisterte im Herd. Mittwochs Merkurpflanzen im Tee und im Kochtopf, Merkurhölzer, etwa die Esche, im Ofen. Und an jedem Tag hatte er ein anderes Bild von der jeweiligen Tages- oder Planetengottheit an der Wand hängen, und so wanderte man von einer Götterzeit in die andere. Er hat das wirklich konsequent gelebt.

Sein Bauerntum war überhaupt eine Pflege, eine Liebestat der Natur, der Erde und dem Himmel gegenüber. Arthur Hermes konnte seine Kühe durch die Gedanken rufen. So etwas haben die Indianer auch gemacht. Die Kühe kamen in den Stall, wenn er sie mental gerufen hatte. Die Tiere waren ihm heilig, jedes hatte seinen Namen. Den Kühen gab er die Namen von Flüssen, Elbe, Donau usw., damit der Milchstrom gut fließen würde. Er war noch einer, der vor dem Holunderbusch, dem Hausholunder, wo der Hausgeist wohnt, wo der Zugang zum Reich der Frau Holle ist, den Hut gezogen hat. Wenn der Herbst kam, da war die Holundersuppe eine Kultspeise für ihn. Er meinte: „Jetzt fängt der Herbst an, und damit wir die Kraft haben für den kommenden Winter, gibt es die Holundersuppe." Er hat jeden Tag Wildkräuter für das Essen gesammelt. Also ein ganz starker, starker Zauber war er. Wir sind ganz in seine Fußstapfen getreten. Später, als wir dann wieder in Amerika waren, da sind wir oft über die Prärie gelaufen. Und eines Tages, als wir so einen Spaziergang machten, fühlte meine Frau dann so etwas wie eine Berührung, und sie dachte, es muss Arthur Hermes sein, der an uns denkt. Und dann kamen wir nach Hause und da war tatsächlich ein Brief von ihm. Er schrieb uns, dass er jetzt alt werde und Hilfe bräuchte. Also sind wir dann wieder zurück zu ihm und hätten fast den Hof übernommen. Aber meine Geister sagten mir dort: „Nein, das ist nicht das, was du in diesem Leben machen musst.“ Aber das ist eine andere Geschichte. Er war sehr, sehr stark.

Der alte Bauer hat mein Leben und mein Denken vollkommen beeinflusst. Er selbst kam ursprünglich aus der Lüneburger Heide, aus einem der letzten abgelegenen Dörfer. In seinem Haus war hauptsächlich gestampfter Lehm und ein Strohdach. Er sagte, durch das Stroh kommen die kosmischen Einflüsse. Hier im Allgäu heißt es, wer auf Stroh schläft, zu dem kommt der Teufel. Das bedeutet aber eigentlich, zu dem kommen die Naturgeister. Als er ein Kind war, war er nur in der Natur. Doch dann musste er in die Schule, und das war für ihn eine Qual. Der Schulmeister sprach nicht platt, sondern das offizielle Schriftdeutsch, hatte einen hochgezwirbelten Schnurrbart, die ganze Arroganz der wilhelminischen Zeit von damals war kleinkariert in ihm verkörpert. Als junger Bauernbursche ging er weg, und dann kam der Erste Weltkrieg, und da hat er vier Jahre im Schützengraben gelegen. Da lernt man die Menschen kennen, sagte er. Und da sieht man den besten Freund, der plötzlich tot neben einem liegt. Zack, da liegt der tot neben einem, und auf einmal merkt man, dass die Menschen mal im Körper sind und mal nicht. Das waren seine Anfänge.

Nach dem Krieg schloss er sich den Wandervögeln an und zog herum. Er war immer ein bisschen hellsichtig gewesen, und dann traf er auf die Anthroposophen. Bei denen hat er dann eine Sprache gefunden, in der er seine Visionen mitteilen konnte. Eine echte Sprache, nichts Angelesenes. Diese wirkliche tiefe Naturverbindung bei ihm, die hat mich fasziniert.

Kapitel 11:
Indigene Völker heute – Aboriginies, Naga, Santal und Pygmäen

Es ist ja nahezu unglaublich, dass heute manche Völker noch so leben wie in der Steinzeit, dass es auf dieser Welt eine Gleichzeitigkeit von solch verschiedenen Epochen gibt. Wie erklärst du dir das?

Indien ist ein gutes Beispiel. Niemand macht sich bewusst, dass es so viele Stammesvölker, Jäger und Sammler in Indien gibt. Noch mehr als in Afrika oder Südamerika. Es gibt Jäger und Sammler, sie leben in kleinen Nischen im Wald. Es gibt primitive Hackbauern, und es gibt ganz normale neolithische, post-neolithische Bauern, das ist der Großteil der Bevölkerung – und es gibt Megastädte und Hightech. Alles ist da. In Indien gibt es keine Philosophie des Fortschritts in dem Sinn, wie wir es kennen, und keinen Zwang zur kulturellen Gleichschaltung. Das kommt vom Kastensystem. Ist jemand in einer anderen Kaste, dann lässt man ihn in Ruhe. Das ist sein Dharma, zum Beispiel Jäger und Sammler zu sein. Oder es ist sein Dharma, Bauer zu sein. Da ist kein Zwang der Konvertierung. Konvertierende Religionen, das haben wir im Christentum, im Islam und in der säkularisierten Religion, dem Marxismus: Zwangsvereinheitlichung, die Bevölkerung konvertieren, verändern. Wenn zum Beispiel Missionare nach Südamerika kommen, versuchen sie zum Teil, die Menschen sesshaft zu machen, die Jäger und Sammler, ihre Lebensumstände zu verbessern. Oft geht das schief, dann kommen frühere Jäger und Sammler in die Stadt und verfallen dem Alkohol und leben in Slums oder überleben durch Prostitution. Das alles hat mit unserer Mentalität zu tun, dass wir immer die Dinge verbessern wollen. Der ganze Fortschrittsgedanke, dass

Jäger und Sammler auf einer niedrigen Stufe sind, dagegen haben sich viele Ethnologen gewehrt. In Südafrika wurden die Khoikhoi, die Khoisan oder Buschmänner, in die Kalahari-Wüste verdrängt. Sie wurden von den Bantu und von den Weißen verdrängt. Einige haben als Jäger und Sammler überlebt. Landwirtschaft ist dort überhaupt nicht möglich, aber trotz der Wüste haben sie weiter gefächerte Nahrungsmöglichkeiten als der zivilisierte Mensch, der nur vier oder fünf oder sechs Pflanzen anbaut. Die Khoisan sammeln im Jahr über drei- bis vierhundert Arten. Sie haben eine ausgewogene Ernährung. Beim Sammeln, da wird erzählt, da wird dabei gesungen, da werden Erfahrungen ausgetauscht, oder sie jagen, was sehr anregend und aufregend ist. Und für diese ökonomische Aktivität braucht es im Durchschnitt zweieinhalb Stunden am Tag. Und sie trägt mit die Kinder und die Alten und, wenn es das gibt, die Versehrten, die nicht arbeiten können. Also es ist ein unmittelbarer und sehr angenehmer Lebensstil. Und den Rest des Tages, da singen und tanzen sie und lassen sich von der Natur berauschen. Warum sollen die sesshaft werden und hacken und jäten oder Herden hüten? Das ist alles viel aufwändiger und viel mehr Arbeit. Das ist eigentlich kein Fortschritt. Es sind unsere Anthropologen aus dem 19. Jahrhundert, die eben dieses Fortschrittsthema hatten. Die Khoisan leben in einer Welt voller Geister und Götter, und natürlich gibt es irgendwie einen Himmelsgott, aber es ist kein vorgeschriebener Monotheismus. Das ist eine sehr ursprüngliche Art und Weise zu leben. So haben die Menschen wirklich die meiste Zeit ihres Daseins gelebt. Das ist die natürliche Art und Weise wie Menschen leben. Ich sage nicht, dass das mit sechs oder sieben Milliarden Menschen möglich ist, das ist unmöglich.

Was bedeutet die Anpassung dieser Völker an den Fortschritt für die Natur? Und haben sie überhaupt eine Chance, weiterzubestehen?

Die überlieferte angepasste Lebensweise, die ist ja eingebettet in die Natur, die ist ökologisch. Die Naturvölker haben keine Urwälder abgeholzt oder Tiere ausgerottet. Generell gesprochen sind die Naturvölker Wahrer ihrer Umwelt. Ein expandierendes Wirtschaftssystem, das unbedingt Wachstum braucht und eine Konsumethik pflegt, das erzeugt Umweltprobleme. Die Indianer hatten keine Umweltprobleme, aber als dann die weißen Siedler anfingen, die Prärie zu pflügen, da trocknete sie aus. Oder als die britischen Kolonialherren nach Indien kamen, war Indien größtenteils ein Waldland – bis auf Wüsten wie in Rajasthan zum Beispiel. Der Fortschritt, was hat der gebracht? Eisenbahnen, die dann mit Holzkohle befeuert wurden, und für die Schienen gelegt wurden. Für die Schienen brauchte man Schwellen, und die sind wiederum aus Holz. Holz wurde auch exportiert und der Wald wurde massiv geschlagen. Es kam zu Erosionen. Die Wassermassen des Monsun schwemmten das Land weg und das führte zu einer Verarmung. Auch die Hänge des Himalajas wurden hier massiv abgeholzt, zum Teil auch illegal. Wer vor dreißig Jahren in Nepal war und jetzt hinkommt, der fragt sich, wo denn der Urwald hin ist. Seither sind die Überflutungen viel schlimmer. Auch in Bangladesh nehmen die Überflutungen immer größere Ausmaße an. Das wird natürlich dann im Fernsehen als Teil der Klimakatastrophe dargestellt oder weil der Meeresspiegel steigt. Doch das stimmt nicht. Der Grund ist die Abholzung der Wälder. Das haben Naturvölker nie gemacht.

Aber wir schicken unsere Missionare, geben noch ein bisschen Reis und Taufhemdchen oder Transistorradios. Die evangelikalen Sekten kommen daher und symbolisieren und predigen den Fortschritt. Und so erwecken sie oft in der jüngeren Bevölkerung ein Bedürfnis, modern zu werden. Es ist eigentlich diese Missionierung und die damit verbundene so genannte Modernisierung, die auch oft viele Umweltschäden mit sich bringt und das gesellschaftliche Gewebe der indigenen Völker zerstört. Auch Entwicklungshelfer gibt es, Missionare der Technologie und andere „Gutmenschen", die eigentlich Kulturzerstörer sind.

Es gibt keine unberührten Stämme mehr. Alle haben irgendwie Plastiktüten, Soft-Drinks oder irgendwelche westlichen Werkzeuge. Es gibt keine unentdeckten Stämme mehr. Alle sind einem starken Akkulturationsdruck unterworfen, und das geht bis hin zur Sprache. Die Sprache verkümmert. Ich habe das bei den Cheyenne gesehen. Die Jugend spricht Fernseh-Englisch, denn überall gibt es einen Fernseher. Nur ab und zu wird mal ein Cheyenne-Wort oder ein Cheyenne-Begriff eingeworfen. Mein Freund der Medizinmann Elk Shoulder hat sich geweigert, Englisch zu reden. Mit mir hat er Englisch geredet, aber eigentlich kaum ein Wort gesagt. Er kann perfekt Englisch, aber er will sich diesem Druck nicht unterwerfen. Und er will sich auch nicht konvertieren lassen. Er versucht, den Stamm mehr oder weniger auf Kurs zu halten, sonst gibt es keine Cheyenne mehr.

Die ganzen Krankheiten der Zivilisation sind inzwischen dort. Ich bin mit dem alten Tall Bull gewandert, und er hatte Herzprobleme, weil es in diesem Reservat so einengend ist. Es sind nicht mal mehr die heiligen Tiere und die heiligen Pflanzen dort, die einst in der

Cheyenne-Kultur eine wichtige Rolle spielten. Die Jugend ist frustriert, und es gibt sehr große Spannungen, Alkoholismus, die neuen Zivilisationskrankheiten, eben wie Herzkreislaufbeschwerden. Das alles hat sich der Medizinmann sehr zu Herzen genommen. Jedenfalls hatte die Regierung dort eine moderne Klinik gebaut, aber es ging den Leuten dadurch nicht besser. Da hat der alte Medizinmann Elk Shoulder einen Kampf mit den Behörden geführt und diese dann schließlich gezwungen, diese Klinik zu schließen. Er sagte: „Die können uns sowieso nicht heilen, denn sie lieben uns nicht. Die machen da nur einen Job und manchmal werden die Leute kränker." Er heilt als Medizinmann, er heilt mit Hilfe der Geister und mit verschiedenen schamanischen Techniken. Er nutzt Kräuter, wenn die Pflanzen ihm selber erschienen sind, in der Tiefenmeditation. Er setzt Zaubersprüche ein, die ganz tief in die Seele wirken. Und Schwitzhütten spielen eine große Rolle. Die Schwitzhütte findet nicht in dieser Welt statt, sie findet schon in der Welt der Geister statt. Da ist es möglich, die Seele wieder mit dem Körper zu verbinden und den Kranken ins Leben zurückzurufen. Als Naturvolk haben die Cheyenne eine hoch entwickelte Heilkunde.

Die jungen Leute lernen nicht mehr die magischen Heilpflanzen kennen, weil die einfach nicht mehr da sind. Und die heiligen Tiere sind auch weg. Am heiligsten waren die Wölfe, weil die Cheyenne sich selber als Wölfe in Menschengestalt und die Wölfe als Cheyenne in Wolfsgestalt sehen. Aber die Wölfe, die sind auch weg.

Es gibt ja nicht nur das Heilen, sondern auch das Verfluchen. Kann dies nur im kulturellen Kontext geschehen, muss also der, der verflucht wird, auch daran glauben?

Ja, das muss immer im kulturellen Kontext geschehen. Aber es gibt ja auch so etwas wie eine astrale Ebene, das ist natürlich ein schwieriges Wort, doch es gibt ja auch bei uns so etwas wie zum Beispiel die Gedankenübertragung. Man denkt an jemanden, da klingelt das Telefon, und derjenige ist dann tatsächlich am anderen Ende dran. Es gibt diese Übertragung auf einer Ebene des nicht alltäglichen Bewusstseins. Auch nachts geschieht das, vieles geschieht in Träumen und Träume werden beeinflusst. Das gibt es mehr, als wir denken. Unterschwellige Werbung ist zum Beispiel etwas Ähnliches, das geht auch in diese Richtung. Auch in den höheren Etagen der Konzerne wird sehr viel Magie betrieben. Es gibt amerikanische Konzerne, in denen man am Morgen niederkniet und Gott bittet, dass die Geschäftsdeals gut laufen. Aber bitte, was für ein Gott ist denn das? Da fragt man wohl besser nicht nach, es könnte ja Mammon sein. In Afrika gibt es ein anderes Justizsystem. Wenn jemand der Hexerei angeklagt wird und derjenige sagt, dass er unschuldig sei, dann werden die Medizinleute gerufen und es wird ein Giftgebräu gemischt. Diese Medizinleute, also „witchdoctors", gehen zu einem Baum, reden mit dem Baum und sagen: „Bitte hilf uns, die Wahrheit zu finden." Dann schneiden sie etwas Rinde ab, und die wird gekocht. Typisch afrikanisch werden auch noch Raubtier- und Leichenteile und andere Sachen mit hineingerührt, um es potenter zu machen. Ein furchtbares Gebräu! Der Angeklagte muss das dann in der Öffentlichkeit trinken, und wenn er es trinkt und sich nicht übergibt, dann stirbt er einen qualvollen Tod. Ja, das ist natürlich schrecklich, da denkt man ja ans Mittelalter, an die Hexenprobe. Aber es funktioniert, der Schuldige stirbt, der Unschuldige überlebt. Das hängt mit dem autonomen Nervensystem zusammen, denn der, der entspannt ist, bricht das Gebräu heraus, wer verkrampft ist, der kann nicht erbrechen.

Ein Ethnobotaniker hat mir einmal eine interessante Geschichte erzählt. Eine alte Frau wurde der Hexerei angeklagt. Da stand dann der Kessel mit dem Gebräu, sie hat davon getrunken, dann gebrochen. Da hat sie gesagt, sie sei wirklich unschuldig, hat noch mal getrunken, noch mal erbrochen. Insgesamt viermal – und dann ist sie triumphierend von der Plattform gestiegen. Das funktioniert besser als ein Lügendetektortest. Das ist eine funktionierende Justiz. In den USA hat man den elektrischen Stuhl oder die lebenslange Einsperrung und psychologische Quälerei. Die Afrikaner brauchen keine Gebäude und Gefängnisse. Aber statt dass ein Kolonialbeamter oder ein Westlicher sieht, dass es ein voll ausgereiftes, funktionierendes Justizsystem ist, sagen sie, das sei primitiv und Aberglaube, das gehört verboten. Also sitzen in den Kolonialstaaten dann Richter, die haben eine gepuderte Perücke auf und den Thorshammer – boom, boom, boom –, der ja auf die altgermanische Tradition zurückgeht. Und die weiße Perücke, wo kommt die her? Die kommt aus der Zeit der Syphilis, als es sich die Reichen leisten konnten, zu den Ärzten zu gehen und Quecksilberpräparate zu schlucken. Als Nebenwirkungen fielen ihnen die Haare und die Zähne aus. Die haben Quecksilber genommen, das war sozusagen der Anfang der Chemotherapie, der chemischen Behandlung. Da lässt sich auch wieder der Wandel erkennen: weg von den Kräuterfrauen, denn da trinkt man eine Tasse Kräutertee und der Zustand ist erstmal immer noch da. Aber gibt man ein starkes metallisches Gift, Quecksilber, Arsen oder dergleichen, in geringer Dosierung, da fangen die Kranken sofort an zu schwitzen, sich zu schütteln und zu geifern. Also denkt man, das hilft wirklich, da greift die Medizin ein. Man merkt, dass da ein Kampf im Körper zwischen Leben und Tod herrscht. Und die Giftstoffe werden rausgegeifert, werden rausgeschwitzt und man bekommt einen heftigen Durchfall. Das galt als wissenschaftliche, moderne Medizin. Die Syphilis stand Pate, als sich diese Medizin entwickelte, sie stand Pate bei der Entwicklung der modernen Gesellschaft, die sich dann auch in die Technologie vernarrte, die das Metaphysische leugnete, bis natürlich auf den Herrn Schöpfer, der aber außerhalb der Maschine war. Diese quecksilbervergiftete Zivilisation, oder soll man lieber sagen „Syphilisation", verfiel einem mechanischen, seelenlosen Denken, breitete dann ihren Angriff, ihren Raubzug auf die ganze Welt aus und fühlte sich dabei so überlegen, dass sie ihre Gottheit und ihre Philosophien und ihre Institutionen den anderen Völkern aufoktroyierte. Superior eben. Und dieser Gedanke ist immer noch da, auch in der Entwicklungshilfe, natürlich stark verwandelt. Dass die ganzen ökologischen Systeme durch den Kolonialismus zusammengebrochen sind, das wird natürlich ignoriert.

In Afrika weiß man, dass die soziale Harmonie durch böse Gedanken gestört wird, dass dadurch Krankheiten erzeugt werden. Deswegen war die Aufgabe des Heilers nicht, die Körperfunktionen zu untersuchen, sondern herauszufinden, wo die Störung herkam. Es gilt also, im sozialen Umfeld, im sozialen Netz, den Hexer oder die Hexe zu finden. Ein alter Missionar hat mir einmal erzählt, dass ihm irgendwo – ich glaube im Kongo – seine Uhr geklaut worden war. Da musste er zu seinem Rivalen, dem Medizinmann, gehen und sagen, dass man ihm seine Konfirmationsuhr gestohlen hatte. Der Hexendoktor sagte, kein Problem, das kriegen wir hin. Er ließ alle im Dorf in einer Linie antreten, jeder musste einen Stein in den Mund nehmen, und dann ging er an ihnen vorbei und sagte: „Spuck den Stein aus." Alle haben nacheinander den Stein ausgespuckt und er sagte: „Du warst es nicht, du warst es nicht, du warst es nicht." Einer spuckte schließlich den Stein aus und der Medizinmann sagte: „Gib ihm die Uhr zurück!" Das war er. Woher wusste er das? Durch den Stein. Für uns Westliche ist das Aberglaube oder Zufall, wer weiß. Oder war es abgesprochen? Nein, dass ist eine Kenntnis der Physiologie. Wenn man ein schlechtes Gewissen oder Angst hat, bleibt einem die Spucke weg. Der Stein, der ausgespuckt wurde, war trocken, die anderen waren feucht. So ist die afrikanische Rechtsfindung. Wirklich neidische, böse Gedanken verselbstständigen sich nachts und haben einen Einfluss. Das ist ja auch der Sinn von Voodoo. Man kann Leute durch Voodoo umbringen, das ist universal bekannt, das kannten wir einst auch. Man macht eine Puppe, fixiert die Gedanken, sticht mit einer Nadel rein – aua – ein Hexenschuss! Man kann so auch Menschen umbringen. Die australischen Ureinwohner waren so gut darin, dass sie einen gesunden Menschen, der gegen die Stammesgesetze verstoßen hatte – also gegen die Lebensgesetze, die Überlebensgesetze – durch das Zeigen eines Knochens und Sprechen von Flüchen töten konnten. Innerhalb von drei Wochen war der eigentlich gesunde Mensch tot. Das wurde auch von Ethnologen studiert, was es damit auf sich hat: Das vegetative Nervensystem, Sympathikus und Parasympathikus werden durcheinander gebracht, die Drüsen spielen verrückt und der verfluchte Mensch stirbt.

Welche Chancen auf Fortbestand haben indigene Völker heute?

Sehr wenig. Sie wandeln sich rapide. Viele werden absorbiert. Es gibt einen Stamm in Oregon, da kannte ich einige Leute, die haben sich entschieden, dass der Druck einfach zu viel sei. Sie waren nur verdammte Indianer, wurden als abergläubisch angesehen, ihre Sprache als rückständig verachtet. Da hat sich der Stamm versammelt und entschieden: Wir reden nicht mehr indianisch, wir reden unsere Sprache nicht mehr, wir begehen unsere Feiertage nicht mehr, wir feiern die Landung der Pilgerväter am Thanksgiving-Day, wir feiern den 4. Juli, die Unabhängigkeit, wir werden jetzt richtige Amerikaner. Eine Sekretärin an dem College, an dem ich war, gehörte zu diesem Stamm, und sie sagte zu mir: „Wir sind jetzt keine richtigen Indianer mehr, aber wir sind auch keine Weißen, also wir hängen da in einer Art Limbus." Es ist sehr schwierig für die meisten Völker, mit dieser globalisierenden Welle zurechtzukommen. Und alte Medizinleute, wie Bill Tall Bull oder Elk Shoulder versuchen, auf Kurs zu halten, sie versuchen dabeizubleiben, so dass etwa die Fähigkeit, mit den Tieren wirklich zu reden, nicht verloren geht. Oder sie haben die Fähigkeit, als Medizinmänner – Medizinfrauen gibt es auch –, Seelenteile zu lösen und auf Reisen zu schicken. Das erste Mal, als ich das erlebt habe, das war in unserer kleinen Ortschaft, da hatten die alten Frauen, die dort lebten, Angst vor den freilaufenden streunenden Hunden, das waren nämlich fast Wildhunde. Die bekamen ihr Futter am Haus, lebten aber frei, wild, und die knurrten manchmal oder bellten ängstliche Leute an. Eine alte Gewitterziege hat also einmal viel Angst gehabt und dann den Vorschlag gemacht, die Hunde mit vergifteten Hamburgern zu füttern. Und ein Säufer, der hat das tatsächlich gemacht. Er hat eine Menge Hamburger gekauft und Gift reingemischt. Die

Hunde sind da massenweise gestorben. Das war eine Tragödie, da waren keine Hunde mehr. Daraufhin treffe ich die Indianer dann im Reservat und die sagten zu mir: „Wir sind über eure Ortschaft geflogen, wo sind eure Hunde?“ Die waren gar nicht in dem Ort gewesen, die hatten sich zurzeit in einer Schwitzhütte auf Nowah’wus, dem Bärenberg, aufgehalten. Sie haben also die Fähigkeit des Seelenflugs, dieses Hellsehen. Sie sagen, sie fliegen, sie lösen einen Teil der Seele ab. Sie haben Kontakt zu den Geistern. Die Indianer sagen auch, wenn die Menschen abgeschnitten werden von den Geistwesen, wenn sie nicht mehr kommunizieren mit den Tieren, wenn sie nicht mehr wahrnehmen, dann machen sie dumme Sachen, dann werden sie zerstörerisch.

Der Druck auf diesen Indianerstamm durch die Regierung in Washington war nach ihrer Niederlage Ende des 19. Jahrhunderts massiv. Im Reservat wurden Tor und Tür für Sektenprediger aller Art geöffnet. Bis 1934 waren sämtliche Rituale verboten. Viele Rituale konnten nicht mehr durchgeführt werden, wurden verloren, die heiligen Pflanzen waren nicht mehr da. Und die heiligen Tiere, die Wölfe, die gelben Füchse, die waren weg. Bei jedem Jagdausflug wurde für die Verwandten, die Wölfe, immer etwas geopfert, aber die Wölfe waren nicht mehr da. Das Land wurde ungefähr 1870 für die Besiedlung geöffnet. Die Kriege dauerten bis Ende 1870. 1884 kamen die Cheyenne ins Reservat. Das war eigentlich wie ein ländliches Gefangenenlager. Einige sind mit ihren Familien in die Berge geflüchtet, in die Big Horns. Sie haben sich erst 1903 ergeben. Als sie da oben in den Bergen lebten, da durften die Hunde nicht bellen, das haben sie ihnen beigebracht. Cheyenne-Hunde bellen sowieso wenig, aber sie durften damals auf keinen Fall bellen.

Man hat die Hufe der Pferde umbunden und so falsche Fährten gelegt, denn es gab überall die Kopfgeldjäger. Oft musste man auf ein Lagerfeuer verzichten. Man musste immer auf der Hut sein. Und das ging von ungefähr 1884 bis 1900 so, zwanzig Jahre haben einige Cheyenne so gelebt. Wie etwa die Familie von Bill Tall Bull. Und dann 1903 ging es einfach nicht mehr, sie waren erschöpft und mussten dann ins Reservat ziehen. Sie sollten zivilisiert werden, ordentlich werden, sie sollten mit den Pferden pflügen. Für sie waren Pferde keine Pflugtiere, sie haben nie gepflügt. Obwohl in einer Phase, ehe es die Pferde gab, waren die Cheyenne eine kurze Weile Maisbauern gewesen in der Nähe vom Großen See und Jäger und Sammler, aber das war eine relativ kurze Phase. Davor waren sie schon Präriejäger gewesen, Büffeljäger. Dann waren sie Maisbauern mit Jagd nebenbei. So im 17. Jahrhundert hielten sie Pferde und zogen dann wieder in die Prärie. Damals wurden die Tipis viel größer, weil die Pferde die Tipi-Stangen ziehen konnten, vorher hatten immer die Hunde die Stangen gezogen. 1903 kamen sie also ins Reservat und hatten nie genug zu Essen dort. Sie haben daher alles gegessen, Präriehunde, kleine Vögel, Hunde und so, und dann hieß es bei den Weißen: „Ja, guck mal, die Indianer, die fressen ja alles, sogar Heuschrecken." Und das ist dieser Egozentrismus, diese unglaubliche Arroganz, die in den Kolonialnationen wirklich lange vorhielt.

Was können wir von den indigenen Völkern heute lernen? Was können wir annehmen?

Was wir annehmen können, ist, dass wir uns immer wieder auf unsere Wurzeln besinnen. Darauf, dass wir wirklich Naturwesen sind, dass die Natur heilig, wirklich heilig ist. Wir müssen uns erinnern an Mutter Erde, Vater Himmel. Denn wir verlieren immer mehr den Weg. Wir machen sehr vieles Intelligentes, was sich aber später als sehr zerstörerisch erweist. Wir verlieren das Natürliche, was sich über Jahrmillionen harmonisch entwickelt hat. Das Gras wächst, die Wolken ziehen vorbei, doch wir sehen das gar nicht mehr. Mir fällt das immer auf, wenn ich mit Leuten spazieren gehe, die nehmen gar nichts mehr war, keinen Vogel, kein Gras. Die marschieren durch die Natur, und im Kopf läuft dann so eine Gedankenmaschinerie. Die laufen am Leben vorbei.

Und ich habe von den Indianern gelernt. Die sind so verbunden, sie sind in der Fülle des Lebens. Sie haben auch keine psychologischen Probleme. Es sind ja auch Psychoanalytiker, Psychologen, also Anthropologen mit psychologischer Schulung, zu ihnen gekommen und haben dann von Triebhemmung gesprochen. Die Indianer sind nicht so übersexualisiert wie wir, weil der Trieb heilig und eine Kraft ist, die zurückgehalten wird. Es gab damals Häuptlinge, die haben erst alle sieben Jahre ein Kind gezeugt. Sie haben die Kraft gesammelt und dann wird das ein ganz besonders starkes Kind. So etwas gab es damals, und das wurde dann als triebgehemmt psychologisiert.

Um es kurz zu fassen: Bei den Naturvölkern habe ich gelernt, meine eigenen kulturellen Wurzeln wieder zu verstehen. Dadurch konnte ich mich selber und mein eigenes Wesen besser verstehen. Alles, was da bruchstückhaft als alter Aberglaube, ländliches Brauchtum, Sage und Märchen vor mir lag, fügte sich zusammen wie Teile eines zerbrochenen Tontopfs, den ein Archäologe bei einer Ausgrabung findet. Wurzeln sind wichtig für den Baum, kulturelle Wurzeln für den Menschen.

Kapitel 12:
Erfahrungen bei den Cheyenne

Wie kam es zu deinem Aufenthalt bei den Cheyenne?

Das ist eine lange, schicksalhafte, fast karmische Beziehung. Ich hatte mich damals in Ethnologie eingeschrieben und eines der ersten Themen, das wir uns vorgenommen hatten, waren die Cheyenne. Und dann, in einem Sommer, während ich am College war, bin ich drei Monate in den Westen gegangen, um dort im Yellowstone-Nationalpark zu arbeiten. Da waren junge Cheyenne, die auch dort saisonal im Tourismusbetrieb arbeiteten. Die luden mich ein. Sie waren gleich auf meinen Namen aufmerksam geworden, kein Amerikaner heißt ja Wolf, so wie ich. Und dass ich ursprünglich aus Deutschland kam, das war für sie auch etwas Gutes. Ich war für sie nicht der normale Weiße, sondern die hatten ein gutes Bild von den Deutschen. Ein früherer Missionar, der hieß Rudolph Petter, der hatte erst mal zugehört und ihre Kultur zu verstehen versucht und dann eine Grammatik und ein Wörterbuch der Cheyenne geschrieben. Zu einer Zeit, als ihre Sprache immer mehr unter Druck geriet und die Regierung tatsächlich versucht hatte, ihre Sprache durch Englisch zu ersetzen. Viele Wörter sind dadurch erhalten geblieben. Also waren sie den Deutschen gegenüber positiv eingestellt und haben mich dann gleich eingeladen. Ich bin dann mit ihnen zum Pow-Wow, wurde zum Sonnentanz eingeladen und hatte schließlich für eine Weile eine Freundin, eine Cheyenne-Frau, meine erste richtige Freundin. Ich war dann als einziger Weißer mit bei den Pow-Wows. Die wurden ganz versteckt abgehalten, hinter den Bergen, damit kein Sheriff das mitbekam. Aber ich war halt Wolf, und ich war akzeptiert.

Später hatte ich einen Lehrauftrag, keine feste Stelle, am Sheridan College bekommen. Dort hielt ich einen Kurs über Medizinische Anthropologie. Eine Studentin, die hatte Beziehungen zu den Cheyenne und hat ihnen von mir erzählt. Mich interessierten damals vor allem Heilpflanzen und die Anwendung der Pflanzen. Über die Indianer wusste ich diesbezüglich nicht viel, nur ein bisschen, aber darüber habe ich auch referiert. Dann kam also die Studentin und fragte mich, ob ich einen vom Ältestenrat der Cheyenne empfangen wolle und ob ich mit ihnen ein bisschen zusammenarbeiten würde. Da kam dann Bill Tall Bull und hat vor einigen Studenten gesprochen. Seine Worte waren so wunderbar, dass er die Leute richtig bewegt hat. Er war einer der wenigen, der richtig elegant Englisch reden konnte. Bill war ja der Botschafter, dem der Kojote gesagt hatte, er sei Botschafter zu dem Pflanzenvolk, aber auch zu den anderen Völkern. Er hat so fein geredet, dass einer der Studenten so bewegt war, dass dieser in Tränen ausbrach. Danach haben wir ihn eingeladen, und da meine Familie zu den Pionieren gehörte, den ersten Siedlern, die da seit den 1870ern gelebt haben, wussten sie, wie man mit den Indianern umgeht. Die Cheyenne sagen zum Beispiel, dass die wilden Tiere gut zu essen sind, bei den domestizierten Tieren aber etwas fehle. Diese können unsere Seele und unsere Körper nicht richtig ernähren. Zum Glück hatten wir zufällig Elch in der Gefriertruhe. Wir haben dann zusammen Tabak geraucht, denn wenn man in eine Beziehung eintritt mit einem anderen Menschen, auch wenn man mit den Geistwesen in Beziehung tritt, wird Tabak geraucht.

Überall wachsen Pflanzen, die mit den Weißen gekommen sind, und die Cheyenne wollten wissen, für was die gut sind. Man kann zwar die Pflanzen bitten zu zeigen, wer sie sind, aber das ist aufwändig. Da haben die Indianer gedacht, sie könnten jemanden fragen, der diese Pflanzen kennt. So haben sie dann mich gefunden und dann habe ich die ganze Zeit erzählt, welche unserer Ackerunkräuter das sind und wie man sie in der europäischen Volksmedizin anwendet. Von Löwenzahn, Gundermann, Wilder Möhre, Wegerich, verschiedenen Kressen usw. habe ich erzählt. Sämtliche Ackerunkräuter sind ja mit dem Saatgut gekommen, das die Farmer mitgebracht haben. Tall Bull wollte wissen, was das für Pflanzen sind, ich habe dann dieses und jenes gesagt und erklärt, und er hat das alles schön fleißig aufgenommen. Ich merkte immer mehr, dass er ein ganz anders Verhältnis zu den Pflanzen hatte als ich mit meinem botanischen Wissen. Er hat immer dagestanden und ungläubig geguckt, wenn ich Staubblätter und Blütenblätter gezählt habe und erklärt habe, welche Pflanzenfamilie das ist. Dieses Botanisieren, das kannte er gar nicht. Er hat nicht *über* Pflanzen gesprochen, er hat *mit* Pflanzen gesprochen. Einige interessierten ihn nicht, denn – wie er sagte – das waren keine Freunde der Cheyenne. Wir kamen an eine Stätte, wo eine eingefallene Pionierblockhütte stand, und da wuchsen eine ganze Menge Giftpflanzen, darunter Schierling. Ich dachte, vielleicht kann ich sein Interesse erwecken und interessante Geschichten von Hexensalben erzählen, von Sokrates und dem Schierlingstrank. Aber er verschränkte nur die Arme und sagte: „Diese Pflanze ist kein Freund der Cheyenne, die hat mal einen Cheyenne vergiftet.“ Jede Pflanzenart war ein Stamm und jede Pflanzengruppe war ein Dorf und eine Tipi-Anhäufung für ihn. Wenn er Heilpflanzen sammelte, dann hat er erstmal den Häuptling im Pflanzendorf gesucht. Dann hat er sein Lied gesungen. Gab dem Pflanzenhäuptling Tabak, rauchte also Tabak mit ihm. Zunächst einmal wendete er sich ab von der alltäglichen Welt und wiederholte fast das Schöpfungsritual. Er befreite die Erde von Gras und Graswurzeln, und dann legte er seine Hände darauf und rieb sich mit Erde ein. Dann nahm er den Daumen der rechten Hand und drückte in die Mitte und dann in die Nordwestecke. Das ist hier bei uns übrigens auch die Geisterecke, die Herrgottswinkelecke. Da fing er im Uhrzeigersinn an, also mit dem Lauf der Sonne, die vier Ecken zu markieren. Das ist auch so eine Universalie, das Rituale immer mit der Sonne gehen, Todesrituale und Verfluchungen gehen in die andere Richtung. Er begann also in der Nordwestecke und drückte den Daumen und dann in Südwest, dann Südost und dann Nordost. Und dann schwang er herum und wieder zur Mitte. Das ist so ähnlich wie eine Wiederholung des Schöpfungsaktes von Maheo, dem Großen Geist, der da aus der Mitte dann in die vier Richtungen hinausquirlt und als Allererstes die vier heiligen Richtungen schafft, die für die Indianer ganz wichtig sind. Ein Indianer sagte mir einmal, er könne nicht verstehen, wie die Weißen überhaupt leben können, ohne die Richtung zu kennen, nicht zu wissen, dass das Norden ist und dass das Osten ist. Wie können die leben? Licht ist ja eine göttliche Macht, eine Energie, die aus dem Osten kommt. Daher ist beim Cheyenne-Dorf immer die Öffnung nach Osten. Die Tipis, auf jeden Fall die Zeremonietipis, sind mit Blick nach Osten ausgerichtet, und die Alten, der Medizinmann und der Häuptling sitzen mit Blick nach Osten, sie selbst sitzen im Westen. Es gibt Torhüter und es gibt Feuermacher, und jeder hat seinen Platz. Das ganze Zelt ist ausgelegt mit Steppenbeifuß, eben diese Pflanze, die in fast allen Büchern falsch übersetzt wird als Salbei. Das ist nicht Salbei, es ist Beifuß, Steppenbeifuß. Und die vier Richtungen sind ganz wichtig. Aus Osten kommt das Leben, kommt die neue Lebenskraft, aus dem Süden kommt Regen, kommt der warme Wind, kommt der Sommer. Das ist die Macht des Geistes des Südens, das Maheyuno, des Wächters des Südens. Im Westen, aus dem Westen kommt kalte, trockene Luft. Das symbolisiert auch den Herbst, und im Norden ist Winter, ist Kälte. Da kommen dann im Winter die arktischen Winde und die Schneestürme her. Die Maheyuno sind göttliche Mächte, die auch im Täglichen wirken. Die Sonne läuft dann ihren Kreis durch diese Richtungen. Solche Dinge habe ich da gelernt. Und dieses Ritual, das ist viel aufwändiger, als ich es jetzt erzähle, das hat er bei den Pflanzengeistern durchgeführt. Man geht hin zu den Pflanzen als Bittender. Man geht überhaupt zu den Göttern, auch manchmal zu den Tiergeistern, und bittet um Hilfe. Es ist das Gegenteil unserer modernen Mentalität, in der wir Menschen als Krone der Schöpfung gelten und Tiere oder Pflanzen sind bei uns dann praktisch Gegenstände, die man nutzen kann. Bei den Naturvölkern ist es anders, da sind es hohe, mächtige Geistwesen, die zum Beispiel in den Bergen oder in der Steppe leben. Sie sind alt, sie sind weise. Sie schweigen genauso wie der Cheyenne-Häuptling schweigt. Und man muss sie bitten. Wenn sie Mitleid haben, dann helfen sie uns.

Haben dich die Cheyenne direkt akzeptiert oder gab es immer eine unausgesprochene Distanz, die gewahrt wurde?

Ich hatte den Eindruck, dass sie mich von Anfang an akzeptiert haben. Die Cheyenne mögen keine neugierigen Anthropologen oder Ethnologen. Die füttern sie mit „Touristen-Storys“, sie legen falsche Fährten, sie offenbaren ihr Wesen nicht so sehr. Aber ich war mehr drin, weil ich nicht so ein normaler Mensch war, und ich bin ja nicht als Ethnologe hingegangen, obwohl ich Ethnologe war. Ich hab einfach Zeit mit ihnen verbracht. Erstaunlicherweise hat das den Weißen nicht gefallen. Ein Cowboy hätte mich fast einmal erschossen. Da haben wir gerade so schön in einem Wildbach gebadet, ich mit zwei Cheyenne-Mädchen, da kam ein Cowboy auf einem Pferd daher. Das war noch eine Zeit, wo es tatsächlich Cowboys gab, die Monate draußen waren. Deswegen gab es in Wyoming zu der Zeit noch Silberdollars, weil sich in der Tasche von einem Cowboy das Papiergeld bei Regen auflösen würde.

Was war für dich der größte Unterschied dort zu unserem Leben, unserem Verständnis? Was hast du dort gelernt?

Die Cheyenne sind im Grunde genommen sehr introvertiert, sie öffnen sich den Fremden nicht. Im Gegensatz zu ihren Verbündeten, den Dakota oder den Sioux, die sind ja sehr offen. Aber die Cheyenne nicht, die halten sich zurück. Da kommt man nicht so leicht ran. Bill Tall Bull jedenfalls kam zu mir, und es war sofort eine gute Beziehung. Ich habe ihn auch im Reservat oft besucht, und wir sind dann jedes Wochenende und manchmal über längere Zeiten in den Big Horns und in der Prärie gewandert. Er war der Pflanzenbotschafter und für ihn waren Pflanzen das grüne Volk. Das sind nicht irgendwelche unteren Wesen, für die Indianer sind die Pflanzen mächtige Geistwesen, die hier leben. Sie sind sehr mächtig, sie nähren uns. Man kann nicht einfach eine Pflanzen nehmen, ohne sich zu bedanken, ohne etwas zurückzugeben und ohne ein kleines Ritual, damit sich ihre Seele von ihrem Körper lösen kann. Das hab ich alles dort gelernt. Er hat mich in das Weltbild der Cheyenne eingeführt, in das Weltbild der steinzeitlichen Großwildjäger.

Auch wenn die Jäger das Tier essen, das sie getötet haben, geschieht das in lauter Dankbarkeit. Für sie ist der Tiergeist noch da. Sie erleben, indem sie zu Nahrung werden, einen Verwandlungsprozess, und auch wir werden von den Geistern oder Göttern konsumiert. In den Veden heißt es, „Alles ist Nahrung". Alles ist Nahrung, aber alles ist auch Gott. Gott ist Nahrung. Nur wer mit diesem Bewusstsein isst, der isst richtig. Wir sind nicht ausgeschlossen von diesem Prozess. Auch wir sind Nahrung. Für die Würmer oder für die Geier, denken wir vielleicht. Aber auch im weiteren Sinn sind wir Nahrung. Die Götter nehmen uns auf oder die Dämonen. Das ist auch ein Blickwinkel. Die Menschen können wie eine Viehherde von den Dämonen sozusagen behütet und gezüchtet werden, denn die Dämonen brauchen diese negative Energie, also die Energie, die durch Wut, Hass oder Gier entsteht. Das füttert die Dämonen. Oder die Götter andererseits, die brauchen diese Liebesausstrahlung, diese Lebensfreude, zu der manche Menschen fähig sind. Das ist Nahrung für sie. Und davon leben sie. Manche Menschen sind wie das Vieh der Dämonen. Das sind dann unglückliche Menschen, denn die Dämonen sind eigentlich unglücklich, ihnen fehlt etwas. Wenn man Dämonen sieht, dann merkt man, dass ihnen etwas fehlt. Die Götter nehmen uns in sich auf, und wir erleben das als Ekstase. Wir verlieren dann den Eigensinn. Wir sind dann bereit, auch unseren Eigenwillen, unsere Dummheit und unsere Selbstsucht zu opfern, indem wir aufgenommen werden, so wie der Regentropfen von dem See aufgenommen wird.

Inwiefern hat dich das Leben dort verändert?

Ich habe ein ganz anderes Verhältnis zu den Pflanzen seit dem. Für die Indianer gibt es keine Abstufung der Lebewesen – höher entwickelt, tiefer entwickelt –, sondern Maheo, der Große Geist, der zum Teil mit dem blauen Himmel assoziiert ist, liebt sie alle. Der Adler ist sein Bote. Der hat Helfer, das sind die Maiyun, das sind die großen, mächtigen Geister. Wir würden sie Götter nennen. Und die Wichtigsten sind der rote Wolf und der weiße Wolf. Und da ist noch einer, das ist der gelbe Fuchs. Die sind ausgestorben. Also für die Cheyenne war das ein Desaster, das Töten der Wölfe und der Verlust der heiligen Pflanzen. Auch der gelbe Fuchs, der ein Diener der Wölfe war, diese Wölfe gehörten der Großmutter unter der Erde, die selber ab und zu als Wolf erscheint. Der rote Wolf, der für das Tageslicht und den Sommer mit verantwortlich ist, ist ein hoher Geist. Die Ausrottung dieser Tiere war ein Schock, so wie es für die alten Germanen ein Schock war, als der Missionar Bonifazius mit einer Armee oder einer Truppe fränkischer Söldner den heiligen Baum abhackte. Da stürzte ein Weltbild ein.

Die Cheyenne haben mein Leben verändert, indem sie mir eine Vision der Urzeit, der Welt der steinzeitlichen Jäger und Sammler, schenkten. Sie haben mich auch von dem Zauber des neolithischen Bauerntums, der Magie der Megalithpriester, der Druiden, wie ihn Arthur Hermes verkörperte, befreit. Ich konnte dann ein freies Verhältnis dazu entwickeln. Dennoch bin ich dem alten Bauernphilosophen unendlich dankbar für das magische Weltbild voller Planetengötter, für die Lehre der Korrespondenz zwischen Mikrokosmos und Makrokosmos, für die Tatsache, dass er mich aus der engen reduktionistischen, materialistischen Schiene der gegenwärtigen Wissenschaftsideologie befreit hat. Vor allem haben mir die Indianer auf einfache Weise, ohne große Lehrgebäude, die Heiligkeit der Natur nahegebracht.

Was für einen Schöpfungsmythos haben die Cheyenne und wie beeinflusst das ihr Verhalten?

Die Welt ist. Punkt. Wie sie entstanden ist, das hat nicht viel Gewicht. Sie ist, wie sie ist. Man verweilt nicht beim Schöpfungsmythos, weil man auch nicht die Vorstellung einer Entwicklung hat. Sondern sie ist. Punkt. Und so ist es. Es gibt nur soundso viele Cheyenne, die hat es immer gegeben. Wenn ein Cheyenne stirbt, kann er vielleicht eine Weile als Wolf oder als anderes Tier herumlaufen, kann sogar unter den Pflanzenwesen leben. Irgendwann kommt er zurück und wird als Cheyenne wiedergeboren. Aber es gibt nur eine begrenzte Zahl von Cheyenne. Jedes Volk, jeder Stamm, hat nur eine begrenzte Zahl. Es gibt von Anfang an eine begrenzte Zahl von Hemataasuma, das sind die Geister oder die Seelen, und es gibt nur so viele Pflanzenseelen, so viele Tierseelen, so viele Cheyenne-Seelen. Und jeder hat eine Aufgabe im Ganzen. Die Aufgabe der Cheyenne ist die Schöpfung zu hüten und zu wahren, die Rituale zu begehen, damit die Sonne am Morgen aufgeht und damit alles gut läuft, denn sonst verliert das Universum an Energie. Wenn das Universum an Energie verliert, dann verspricht man ein Ritual, etwa einen Sonnentanz, und führt es auch durch, um die Energie wiederzubringen. Jetzt fragt man sich, wie sich dann die Bevölkerungsexplosion, die Überbevölkerung erklärt. Nun, weil die Menschen sich teilen, da gibt es eine ganze Menge Halbmenschen oder Viertelmenschen oder Achtelmenschen. Das klingt politisch unkorrekt, aber so sehen es die Cheyenne. Diese Viertel- oder Achtelmenschen haben nicht mehr die ursprüngliche Kraft, sie sind verweichlicht, gierig, geistig blind und brauchen viel technologische Unterstützung, um zu überleben. Die sehen nicht mehr klar, sie können nicht mehr die Götter erleben und die Geister sehen, sie werden stumpf. Und zwar, weil sie nicht ganz sind. Die Medizinleute, also die Medizinmänner, das sind noch *Tsistsistas*, das sind noch echte Menschen, die voll da sind. Man spürt es auch. Die haben diese Macht. Die haben Power.

Die Prärie-Indianer und auch die Cheyenne empfinden sich den Wölfen als sehr ähnlich: Wölfe leben von den Büffeln, sie kooperieren, sie bringen den Jungen ihr Essen, sie kommunizieren miteinander, sie haben Strategien, sie leben gemeinschaftlich und sind dem Menschen eigentlich eher näher in ihrem Sozialverhalten als die Primaten zum Beispiel. Es geht so weit, dass die Cheyenne sich selber als Wölfe in Menschengestalt sehen und glauben, dass sie selber von den Wölfen geschaffen wurden. Im Tipi im Himmel haben der rote Wolf und der weiße gehörnte Wolf zusammen mit den Hütern der vier Himmelsrichtungen, den Maheyuno, und der Kraft des Hohen Gottes Maheo die ersten wahren Menschen geschaffen. Der Mensch wurde also von Wölfen im Himmel geschaffen, und deshalb sind Menschen sozial, mögen Fleisch und streunen als Jäger über die Prärie. Diese himmlischen Wölfe, die Wölfin, die weiße Wölfin, ist eigentlich verwandt mit oder eine Erscheinung von der Großmutter unter der Erde, die wir bei uns als Frau Holle kennen und über die ich ja schon einiges erzählt habe. Und der rote Wolf ist der Hüter des Tages, der Hüter der Wölfe, der Tiere und des Heiligen Berges. Er bringt den Frühlingsregen und das Gewitter. Er ist auch der Hüter der

Menschen, und das ist so eine Art Urpakt. Beide haben eine Tochter, Ehyophstah, sie ist die gelbhaarige Frau. Sie ist die Herrin der Büffel und hat gelbe Haare, weil das die Farbe der Büffelkälber ist. Die Büffel wurden von ihr auf die Erde gebracht und den Cheyenne zum Jagen gegeben. Ein Cheyenne-Medizinmann wurde mit Ehyophstah vermählt. Am Sternenzelt ist der rote Wolf als Aldebaran sichtbar, der weiße Wolf ist Sirius und der gelbe Fuchs, der Diener der Büffelfrau Ehyophstah, ist der blaue Stern Riegel.

Glaubst du an all das, was du bei den Cheyenne gesehen oder gehört hast, oder stehst du als Ethnologe und Wissenschaftler „außen vor"?

Ich sage nicht, dass alles genauso ist, ich berichte nur, wie die Cheyenne das sehen. Das hat mir immer Schwierigkeiten an der Universität eingebracht, das Berichten, ohne zu werten. Eine meiner ersten Feldforschungen ging über ein Jahr lang. Das war in einer abgelegenen Siedlung, deren Bewohner sich „Spiritualists" nannten, das waren Geisterbeschwörer. Sie haben immer die Geister beschworen, bei allen Entscheidungen, die sie treffen mussten, haben sie erst einmal die Geister beschworen. Jeden Tag. Sie hatten einen Zugang zu den Geistern, vor allem zu den Geistern der Verstorbenen. Eine Art Schamanismus war das. Die Führer der Gemeinschaft waren medial veranlagte Menschen, sie funktionierten als Medien, es gab auch schamanische Heilungen. Ich habe in der Siedlung gelebt und bin dann immer wieder zur Kent State University, um dort zu berichten und Vorlesungen zu halten. Es war ein großes Institut dort und ich habe also von meinen Beobachtungen dort berichtet. Und da sagte dann einer der Professoren: „Das glaubst du doch nicht etwa, oder?" „Nein, ich berichte nur" versuchte ich ihn zu beruhigen. Das ist die Aufgabe der Ethnologen. Ich hab einfach berichtet, wie diese Menschen ihre Welt erleben, von sich aus. Ich habe nichts reingepresst in ein psychologisches, ein soziologisches, ein marxistisches oder ein strukturalistisches Schema. Auch als ich dann später an der Universität unterrichtete, habe ich die Dinge immer so präsentiert, wie sie waren, und nicht interpretiert. Wenn es dann um den Kommunismus ging, dann habe ich den wie ein überzeugter SED-Funktionär oder wie ein Bolschewik präsentiert. Und auch den Faschismus habe ich so dargestellt, wie von innen heraus. Oder ein liberales demokratisches Weltbild. Als Soziologe habe ich die verschiedenen Weltbilder und die Konsequenzen von innen heraus beschrieben. Das war zum Teil schwierig, denn die anderen wussten nicht, wo ich eigentlich persönlich stehe. Ich will aber nur zeigen, wie die Dinge sind. Und auch, wenn ich hier von den Cheyenne erzähle, sage ich nicht unbedingt, dass es bei denen besser ist. Man muss eine Sympathie empfinden, um etwas aufzunehmen und zu erklären, aber man darf keine vorgefasste Meinung haben. Leider ist auch an der Universität sehr vieles ideologisch. Ich vertrete eine Art von Ethnologie, die versucht, die Phänomene von innen heraus zu erklären. Das nennt man im Fachjargon die „emische Perspektive", im Gegensatz zu der äußeren, objektiven, streng distanzierten „etischen Perspektive". Ich habe mich so eingelebt in die Geschichte und das Weltbild dieser Indianer – das verdanke ich meinem Freund Bill Tall Bull –, und ich bin eingetaucht in seine Welt. Und er hat durch mich versucht, die westliche Welt, die ihm so fremd war, zu verstehen.

Hast du die Welt mit anderen Augen gesehen, als du wieder im Universitätsbetrieb gearbeitet oder später wieder in Deutschland gelebt hast?

Nein, danach sind wir nach Europa gegangen und dann wieder nach Indien. Ich war so weit draußen, ich bin gar nicht wieder in den Universitätsbetrieb zurückgegangen. Nur einmal zwischendurch, um meine alten Kollegen zu treffen, also die, die ich noch kannte. Ich hatte damals lange Haare und einen Bart und entsprach überhaupt nicht dem Dress-Code der Universität, sah eher aus wie ein Biker. Ich hatte nämlich einige Zeit in Wyoming mit Bikern verbracht, richtigen Kriegern des Highways, Zen-Meister waren das, die mich beeindruckten. Also, meine Freunde, die waren nicht da, es war Ende des Semesters und einige waren schon weg im Urlaub. Es waren nur noch Leute da, die ich nicht kannte, es waren ja einige Jahre vergangen. Da kamen zwei Professoren dahergewatschelt, mit dicken Brillen an, die kamen richtig gewatschelt, man merkte, die sind nie auf der Erde gegangen, die sahen mich an, als ob die einen Werwolf sehen würden. Sie liefen an mir vorbei, und ich merkte, dass sie ein bisschen nervös waren. Dann sagte einer noch in Hörweite: „Oh, Lord! God! Lord!" Und dann meinte er zu seinem Freund: „Weißt du, was Lord bedeutet? L O R D – let old rockers die – lass die alten Rocker krepieren." Das war sein Kommentar. Und da dachte ich, dass meine Zeit an der Universität eigentlich vorbei ist. Es ist mir viel zu eng. Es war Mai und die Sonne schien, draußen blühten die Bäume, der Campus-Rasen war herrlich grün und drinnen – eng, muffig. Da waren die Studenten, die ihre Semesterabschlussprüfungen machten, verkrampft und natürlich nicht verbunden mit der Natur und mit den Bäumen draußen. Ich hatte mich aus dieser Lebensphase herausevolviert, kann man so sagen. Ein indischer Freund, ein Guru, ein Philosoph, sagte einmal zu mir, es sei möglich, in einem Leben das Karma von mehreren

Leben zu durchleben, also ohne den Körper abzulegen und zu sterben. Man kann sich fast so verwandeln, dass man im Leben ein neues Leben anfängt. Genauso kam es mir auch vor, das alles lag sehr weit zurück, und spätere Angebote, an die Universität zurückzukommen, haben mich nicht mehr gereizt.

Hast du heute noch Kontakt zu dem Stamm, bei dem du damals gelebt hast?

Zu den Cheyenne habe ich immer noch eine Beziehung. Das sind keine Briefeschreiber, das ist einfach nicht ihre Art. Aber sie haben so eine Art Buschtelefon. Da räuchert man mit Steppenbeifuß und konzentriert seinen Geist und so werden telepathische Botschaften verschickt. Und die werden dann bestätigt und dann fliegt hier ein Raubvogel, ein Adler, vorbei. Das macht man aber nicht einfach so, es muss einen guten Grund geben. Das ist eine Art archaisches Telefon. Das sind auch wieder Fähigkeiten, die wir heutzutage verloren haben, die aber funktionieren.

Vor ein paar Jahren hatte Albert Hoffmann, das ist der große Chemiker, der das LSD entdeckt hatte, seinen hundertsten Geburtstag. Das wurde in Basel, dort war er Chemiker gewesen, gefeiert. In der großen Kongresshalle waren über zweitausend Menschen. Dort gab es Vorträge über den kulturellen Einfluss dieses Psychedelikums, über die Hippie-Bewegung der 60er Jahre; amerikanische Psychologen, die anwesend waren, plädierten für die Legalisierung von LSD für ihren Beruf und so weiter. Ich war auch eingeladen und sollte über den Geist Basels reden, „The Spirit of Basel". Über die Kelten, die dort waren, warum das ein heiliger Ort ist, warum da der Dom ist, was er zu bedeuten hat, die Bedeutung des Rheins als Fluss der alten Göttin, der Weißen Göttin, die dann bei Basel zur Roten Göttin des Lebens wird und dann im Norden in die Kälte verschwindet und dort zur Schwarzen Göttin wird. Die Bedeutung des Schwarzwaldes, die heiligen Berge, die dem Belenos geweiht sind, dem Sonnengott, der der Behüter der Quellen und des Flusses ist. Ich war also dort, und da kam einer auf mich zu, der war in Leder mit Fransen gekleidet, hatte die Haare lang und geflochten wie ein Indianer, war aber ein weißer, rothaariger Mann. Er sagte mir, die Cheyenne hätten vernommen, dass ich hier sei, und sie wollten mir einen Gruß schicken. Und sie schickten mir getrocknetes Büffelfleisch, das gab er mir, und auch einen geflochtenen Zopf Mariengras. Er war ihr Bote und hat mir dieses Büffelfleisch und das heilige Mariengras überreicht.

Möchtest du gerne noch einmal dorthin zurück? Hast du diesbezüglich Pläne?

Nein, ich habe hier meine Wurzeln. Obwohl meine Verwandten alle in Amerika und anderswo sind, liegen meine Wurzeln hier. Aber besuchen werde ich sie wieder.

Hast du Veränderungen an dir bemerkt, zum Beispiel dein Verhalten gegenüber anderen Lebewesen? Hast du dich verändert?

Mein Aufenthalt dort hat mich befreit von diesem distanzierten, mitleidlosen, gefühlslosen, kalten, herzlosen Beobachten. Mir sind die Pflanzen viel nähergekommen, Pflanzen als Pflanzenvolk, als grünes Volk. Das klingt irrational, ist es auch im gewissen Sinn, aber die Cheyenne haben damit überlebt. Und sie haben die Fähigkeit, hinter die Erscheinungen zu gehen. Wir gehen hinter die Erscheinungen mittels Mikroskopen und durch Experimente und so weiter, aber das ist etwas anderes als ein geistiges Bild einer Pflanze als Geistwesen, das sich verkörpert, zu erleben. Das ist für mich nichts Abstraktes, wenn die Leute wirklich in die Tiefe gehen, in die tiefe Meditation, und mit den Pflanzen reden. Das habe ich dort gelernt.

Ich habe schon gesagt, die haben mich von einem vorgehenden Zauber, der mein Leben beflügelte, befreit. Denn jedes Weltbild ist ein Zauber, das haben die Kelten auch so gesehen. Im Englischen heißt es „spell". Ein Spell ist so etwas wie ein Zauber. Es gibt Zauberer, die machen einen Wetter-Spell, einen Wetterzauber, und dann ändert sich das Wetter, oder sie machen einen Unsichtbarkeitszauber und so weiter. Das Wort Spell ist verwandt mit unserem Wort „Spiel". Da kommt ein Spielmann daher zu einer Königshalle oder Häuptlingshalle, und er spielt und singt und verzaubert den König und die Ritter. Er singt vielleicht ein trauriges Lied, so dass die anderen schwermütig werden und dass sogar eine Träne über die Wange rollt. Dann ändert er den Zauber und es kommt ein lustiges Lied, und sie lachen und prosten einander zu. Dieser Zauber kann in die eine oder in die andere Richtung gedreht werden – und alle Weltbilder sind Verzauberungen und Zauber. Das gilt auch im asiatischen Raum, dort nennt man das *Maya*. Den Schleier der Maya zu durchschauen, das ist ein Ideal in der indischen Philosophie. Eine südindische Poetin, die Mahadeviyakka, aus dem 10. Jahrhundert, sagte: „Mit hocherhobenem Stock treibt der Wahn die Welten wie Herden vor sich her. Wer, o Herr, so weiß wie Jasmin, vermag deine Täuschung zu durchschauen?" Der Herr, weiß wie Jasmin, ist Shiva. Die Antwort ist, indem man in sich selber die göttliche Essenz realisiert, hat man den Zauber gebrochen.

Auf jeden Fall haben mich die Indianer mit ihrer Natürlichkeit und Direktheit und ihrem Bezug zur Natur aus sehr vielen Verzauberungen befreit. Und sie haben mir den Weg geöffnet, dass ich die Pflanzen nicht als Gegenstände sehe oder niedere Lebewesen, sondern als Wesen, die mit Respekt behandelt werden, als mächtige Wesen. Ich habe auch einmal versucht, die Geschichte von der Perspektive der Pflanzen selber zu erleben. Da kommt man auf solche Ideen, dass die Pflanzen vielleicht die Menschen sesshaft gemacht und diese dazu verdonnert haben, für sie zu malochen, indem die dann hier hacken und Unkräuter jäten, die Fressfeinde fernhalten, die Samen aussäen und einige Pflanzen fast imperialistisch in der Welt verbreiten. Wie beim Mais, das ist ja fast ein Pflanzenimperialist, den gibt es überall. Oder das Zuckerrohr, das Milliarden von Menschen süchtig macht. Wenn man die Geschichte von der Seite der Pflanzen sieht, dann ist das eine andere Perspektive. Und solche Denkweisen verdanke ich den Cheyenne.

Kapitel 13:
Hier und jetzt – Was bedeutet es, Mensch zu sein?

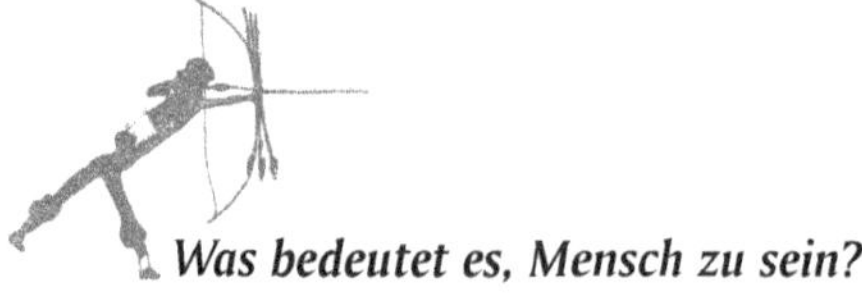

Was bedeutet es, Mensch zu sein?

Das ist natürlich von Kultur zu Kultur sehr verschieden. Wir leben hier mit dem westlichen Humanismus. Der Mensch ist das Ziel der Evolution, Krone der Schöpfung. Alles dreht sich um den Menschen. Er ist als Ebenbild Gottes geschaffen. Wo die Natur eigentlich Untertan und weniger wert ist als der Mensch. Wo man sich erlaubt, die Natur zu schänden, damit es dem Menschen gut geht. Das kennen die Cheyenne zum Beispiel nicht. Für sie sind alle Wesen gleichwertig. Alle Geister, alle Hemataasuma sind gleichwertig. Ob das nun Tiere oder Pflanzen sind, alle haben ihre Rechte und alle haben ihre Aufgabe. Da ist nicht einer höher stehend als ein anderer. Wenn man jagt und ein Tier tötet, dann wurde das vom Hüter der Tiere oder von der Herrin der Tiere gegeben. Ehyophstah heißt die Hüterin der Büffel. Sie gibt sie frei. Und die Menschen verhalten sich dankbar.

In Indien habe ich wieder etwas anderes erlebt. Der Mensch ist wie eine Form, aber wer diese Form ausfüllt, das kann ein Dämon, eine Gottheit oder ein anderes Wesen sein. Manche Menschen sind Dämonen in Menschengestalt. Es kann aber auch ein Gott sein, und wenn die Sinne klar und unverfälscht sind und das Herz rein, dann sieht man sie, die Gottheit. Man sitzt am Ganges, es kommen Menschen vorbei und deren Aura, die Ausstrahlung, die ist wunderbar. Da weiß man dann, da gehen Götter in Menschengestalt vorbei. Es gibt welche, das sind Schönlinge, bei denen die Frauen dahinschmelzen. Das sind Gandharvas. Das sind himmlische Musiker in Menschengestalt, die immer schön sind. Oder man sieht schöne Frauen. Es gibt verschiedene schöne Frauen, in denen eine Göttin ist. Oder wirklich schöne Frauen, das sind Apsaras, himmlische Tänzerinnen. Das Menschenbild ist also in Indien nicht so fixiert.

Und was machen die Tierseelen, wenn ihre natürlichen Lebensräume zerstört werden? Die Wesen hören ja nicht mit dem Tod auf, sondern suchen eine neue Verkörperung. Es stehen jede Menge Menschenkörper zur Verfügung, und da suchen sie sich eben eine passende Menschengestalt aus. Also gibt es beispielsweise Antilopenmenschen, das werden Marathonläufer oder Rennfahrer. Oder ein Löwe inkarniert sich vielleicht als Mensch. Und was ist er dann? Dann ist er eine königliche Figur, vielleicht ein großer spiritueller Meister oder ein mutiger Krieger oder General. Und wenn man dann tief genug schaut, erkennt man seine Löwenseele. Die Indianer kennen das auch. Manchmal gibt es Menschen, ganze Familien, da haben alle Kinder so spitze Nasen, und wenn man genau hinschaut, sind das Ratten. Das ist nicht im negativen Sinn zu verstehen, denn jede Art ist gleichwertig. Es gibt Geschichten, wo Cheyennemädchen Ratten in Menschengestalt heiraten. Es gibt auch eine Geschichte, da kam im Winter ein fremder Mann ins Dorf, der war sehr krank, klopfte an die Tür und sagte: „Gebt mir Unterkunft, ich bin krank." Aber man lässt ihn nicht rein, weil die Leute Angst haben, sich anzustecken. Da geht er zum nächsten Haus, aber die wollen ihn auch nicht reinlassen. Schließlich kommt er zu einer armen Witwe, und die hat Mitleid mit ihm und lässt ihn in ihr Haus. Sie holt die richtigen Pflanzen und sie singt die Medizinlieder, aber nichts hilft. Und dann sagt er: „Ich habe einen Traum gehabt. Der große Geist sagte mir, du solltest diese oder jene Pflanze holen, dann werde ich gesund." Schließlich ist er wirklich geheilt und läuft weg. Die Alte schaut ihm nach und da verwandelt er sich in einen Bären. Der Bär ist der Meister der Heilkunde und hatte Menschengestalt angenommen und ihr die Heilkunde beigebracht. Also das Menschbild ist bei vielen Völkern nicht so fixiert wie bei uns.

Was macht für dich Menschlichkeit aus?

Menschlichkeit ... Also kein Lebewesen kann so brutal und rücksichtslos sein wie ein Mensch. Das ist Menschlichkeit, so verwirrt und entfremdet. Friedrich Nietzsche sagte einmal, der Mensch sei das einzige Wesen, das Lügen könne. Das klingt sehr negativ, aber wenn wir das Göttliche in uns finden, dann legen wir das ab. Ich formuliere das natürlich absichtlich sehr extrem. Aber Liebe, Vergebung und die Fähigkeit, füreinander zu sorgen und so weiter, das ist nicht Menschlichkeit, denn das findet man auch anderswo.

Jesus sagt: „Die Füchse haben ihre Höhlen und die Vögel ihre Nester; der Menschensohn aber hat keinen Ort, wo er sein Haupt hinlegen kann." Ist das so? Ist der Mensch heimatlos? Was bedeutet für dich Heimat?

Ich habe mich ja früher sehr viel mit der Bibel beschäftigt, ich habe sie ein paar Mal gelesen. Ich bin im Mittelwesten der USA aufgewachsen. Meine Schulkameraden haben an Bibel-Wettbewerben teilgenommen. Da geht es darum, wer die meisten Zitate kennt. Und es wurde dort immer wieder die Bibel zitiert. Also, ich habe mich sehr mit der Bibel befasst und kenne alle diese Zitate. Ich habe diese Stelle so gesehen, dass dem göttlichen Menschen in der Weltlichkeit keine Ruhestätte gegönnt ist.

Was bedeutet Heimat? Heimat ist da, wo man wirklich ganz zu Hause ist, wo man entspannt ist. Ich war nicht mal fünf Jahre alt, als wir Sachsen verlassen haben, und habe immer noch Heimatgefühle. Ich muss einmal im Jahr nach Sachsen gehen, um diese schöne Sprache zu hören. Und ich trinke dann auch gerne sächsisches Bier aus Zwickau, denn das ist das Bier aus demselben Quellgebiet, aus dem wir unser Wasser hatten. Das ist ein Ort, wo tiefe Resonanz ist. Und wenn ich nach Sachsen komme, komme ich mir vor wie ein Fisch im Wasser. Ich ecke nicht an mit meinen Ideen, mit meiner Art, und fühle mich wohl. Ich brauche nicht auf meine Haltung und mich aufzupassen. Ich bin zu Hause. Je länger ich natürlich hier im Allgäu lebe, umso mehr wird es mir mein Zuhause. Ich kenne die Pflanzen, ich weiß, welche man essen kann, wie sie heilen können, wie schön sie sind, wann sie blühen, wann sie versamen, wann sie erscheinen, welche Vögel wiederkommen im Jahr, welche Tiere da sind. Die Seele hat dann hier ein richtiges Zuhause. Einige meinen, man kann überall zu Hause sein und brauche keine Heimat. Wir sind jahrelang gereist und dann war es Weihnachten, was ja für uns eine ganz heilige Zeit ist. Das ist auch eine kosmische Zeit, es ist Wintersonnenwende und die Tage werden dann wieder länger. Wir waren also Weihnachten an einem Strand in Thailand, auf Ko Samui. Das war damals noch ganz wild und der Strand war weiß. Und als ich abends da saß, wurde vor meinen Augen der Strand auf einmal zu Schnee. Ich merkte, dass die Seele Schnee erwartete und den Schnee brauchte. Heimat ist etwas ganz Tiefes. Es ist nicht etwas, was nur auf der Verstandes- oder rationellen Ebene ist. Heimat bekommen wir schon vor der Geburt mit, durch die Nahrung, die die Mutter isst, das Wasser, das sie trinkt. Das prägt uns. Auch die Klänge. Wenn man Afrikaner ist, bekommt man schon im Mutterleib die Trommeln mit oder die Nahrung oder die Gewürze. Das liegt so tief. Wenn der Cheyenne geboren wird, ist der Geburtsplatz mit Beifuß, Steppenbeifuß, ausgelegt. Der duftet würzig. Die Würze vom Beifuß in der Prärieluft, das ist das Erste, was sie einatmen. Kein Europäer, auch wenn er noch so ein Indianer-Fan oder Indianer-Freak ist, kann dieses Gefühl je haben, denn dieses Gefühl ist schon in einem drin, ehe ein Selbstbewusstsein, die Sprache, das Ego, das Ich sich bildet. Es ist schon da in der Phase, in dem ersten Jahr, in dem das Kind noch eigentlich ein nach außen verlagerter Embryo ist. Da wirkt das. Und auf dieser Ebene ist die Heimat angesetzt: der Geschmack des Wassers, das Gewürz in der Luft, auch die Stimmen der Vögel. Ja, ich kenne die Problematik der Heimat sehr gut. Die meisten Amerikaner haben keine Heimat. Sie sind dort noch nicht angekommen.

Die Afroamerikaner haben noch eine ganze Menge afrikanische Träume tief in der Seele und afrikanische Rhythmen in sich. Zum Teil auch Sprachrhythmen. Und die Weißen haben noch viel von Europa in sich. Die haben in ihrer Seele das Bild von grünen Wiesen im atlantischen Klima. Grüne Weiden, das Lebensgrün. In Amerika gab es im Sommer kein grünes Gras. Wenn dort im Sommer das Gras grün ist, dann ist das europäisches Gras, das als Neophyth dort wächst. Und irgendwo tief in sich haben sie noch das Bild ihrer alten Heimat. Was ihre Ahnen wie ein morphogenetisches Feld über Jahrhunderte, wenn nicht Jahrtausende geprägt hat. Also müssen sie einen grünen Rasen anlegen, einen englischen Rasen, der auch im Sommer grün ist. Da spart man nicht an Dünger. Da spart man nicht an Wasser. Da werden tiefe Brunnen gegraben, egal ob man in Arizona und in der Wüste ist. Da gibt es zum Teil Verordnungen, dass man am Haus einen Rasen haben muss und wie hoch der Rasen werden darf und so weiter.

Und weil diese Wurzeln bei den Amerikanern nicht da sind, haben sie es ganz leicht umzuziehen. Das ist in Europa ganz anders. Viele Amerikaner ziehen über den halben Kontinent. Einige haben gar keine festen Häuser mehr, sondern die leben dann gleich auf Rädern, in so genannten „modular homes". Das sind zusammengesteckte Häuser, da braucht man zwei riesen Lkws, und die ziehen das dann an den nächsten Ort, dann wird es wieder aufgebaut, zusammengeschraubt und ist dann ein richtig schönes Haus. Die Ärmeren haben Wohnwagen. Es gibt ganze Ortschaften, die bestehen nur aus Wohnwagen. Das ist eine Heimatlosigkeit, die den Amerikanern zueigen ist. Und deswegen auch dieser übertriebene Nationalismus, der jetzt da ist. Das gibt ihnen Halt. Sie haben eine Pseudoheimat. Es gibt aber weiße Amerikaner, die eine Heimat haben und nicht so entfremdet sind. Und das sind die Bewohner der Appalachen, die Hillbillies mit ihrem Blue Grass. Die wohnen fast wie Indianer oben in den Hügeln. Sie wurden erst in den 60er Jahren wieder mit dem Mainstream verbunden. Sie lebten in kleinen Hütten. Wenn man was auf sich hielt, da hatte man in der Hütte Tapete, aber das war festgeklebtes Zeitungspapier, ein paar Schweine liefen rum, vorne war eine große Veranda, und da saß man und spielte Musik. Und diese Musik ist die Musik des Landes und die Stimmen der Natur, übertragen ins Blue Grass, das ursprüngliche Blue Grass. Unverkennbar, es gehört zu der Natur dort. Man hatte ein paar Hühner, man ist jagen gegangen, Waschbären, Beutelratten hat man gegessen, hat ein wenig Mais angebaut, man hatte nie viel. Diese Menschen waren naturverbunden, sie hatten Heimat und auch ein Heimatgefühl. Auch die Amish-Bauern sind verbunden. Sie lehnen jede Technologie ab und haben ein intaktes, wunderbares, meisterhaft bäuerliches Wissen. Sie leben in Großfamilien, denn ihr Leben ist sehr arbeitsintensiv. Sie erzeugen alles selbst, was sie brauchen, sind sehr erdverbunden, pflügen mit ihren Pferden. Wo unsere Autos stecken bleiben, können sie noch mit Pferden durchkommen. Die sind dort verwurzelt, sie haben eine Heimat. Aber die meisten Amerikaner sind leider entwurzelt. Heimat ist etwas sehr Gutes. Ich denke, ein Mensch hat Recht auf Heimat.

Deswegen ist eine ethnische Säuberung oder Vertreibung etwas ganz Schreckliches! Es ist etwas so Brutales. Es wird einfach nicht realisiert, was das bedeutet.

„Die Wurzeln in der Erde und die Äste im Himmel". Braucht man die Wurzeln in der Erde, um sich zum Himmel, also zum Jenseitigen strecken zu können?

Traditionell wird das vielerorts umgekehrt gesehen, da heißt es, der Mensch wurzelt im Himmel. Im Rgveda gibt es einen Baum, Asvattha heißt der, der hat seine Wurzeln im Himmel und seine Blätter unten. Jedes Blatt enthält die Veden, also die Urweisheit. Wer das weiß, der weiß alles. Und das ist auch so ein Bild, das man im ethnologischen Vergleich immer wieder findet. Die australischen Ureinwohner haben ein Ritual, wo sie einen Baum entwurzeln und umgekehrt in die Erde stecken, den Baum dann mit Ocker oder Blut anmalen, und das symbolisiert den Menschen. Bei den Anthroposophen gibt es das Bild, dass die Pflanze im ursprünglichen Verhältnis zu Himmel und Erde ist. Deren Fortpflanzungsorgane erblühen nach oben und der Kopf, also die Nervenfasern, sind ihre Wurzeln, die die Erde wie Sinne durchtasten und Eindrücke aufnehmen. Unten ist der aufnehmende Pol, und oben ist der ausscheidende Pol, wo sich die Pflanze vermehrt. Beim Tier ist das Ganze mehr oder weniger horizontal angesiedelt, es nimmt eine Zwischenposition ein. Der Mensch ist wie eine umgekehrte Pflanze. Da sind die abgebenden, die duftenden, verduftenden und fortpflanzenden Organe unten und die aufnehmenden Sinne sind oben, und in der Mitte ist wie bei den Pflanzen der Ausgleich, das Ein- und Ausatmen. Und so war auch das entsprechende Menschenbild, dass die Wurzeln im Himmel sind und die Zweige auf der Erde.

Müssten wir heute nicht versuchen, dieses Bild umzukehren? Die Wurzeln in der Erde zu haben, erscheint mir persönlich sinnvoller …

Natürlich sind wir auch mit der Erde verwurzelt – diese Mutter, diese Mater, stellt die Materie zur Verfügung, dass sich die Archetypen, die Geister der Menschen, Tiere und Pflanzen verkörpern können. Sie macht unser kostbares Dasein möglich. Auch unsere Ahnen sind in der Erde begraben. So können wir beide Bilder akzeptieren, die sind ja kein Widerspruch, wir haben unsere Wurzeln im Himmel wie auch in der Erde.

Die Worte „human" und „Homo", wie in Homo sapiens, beruhen ja auf dem lateinischen Begriff *humus*, also „Erde", „Erdboden". Wir sind Kinder der Erde, Erdgeborene und als solche sterblich. Unser Körper ist ein Geschenk der Erde und wir müssen ihn wieder zurückgeben.

Kapitel 14:
Ausblick – Geht die Evolution weiter? Wird die Menschheit überleben?

Scheinbar ist die biologische Evolution des Menschen abgeschlossen, da wir uns ja nicht mehr an die Natur anpassen, sondern die Natur uns anpassen. Was meinst du, wohin wir uns noch entwickeln werden? Oder wohin wir uns entwickeln müssen, um zu überleben?

Ich glaube nicht, dass die Evolution in dem Sinn abgeschlossen ist, weil wir neue Sachen erschaffen, an die wir uns immer wieder anpassen müssen, zum Beispiel die ganzen elektromagnetischen Strahlungen, die es vorher nicht gegeben hat. Es gibt eine ganze Palette von neuen Krankheiten, mit denen die Medizin nicht zurechtkommt, die auf solche Dinge zurückgehen. Massenimpfungen, die massiv in die Funktion des Immunsystems eingreifen, Gentechnologie, die Östrogenisierung der Gewässer durch die Antibabypille und so weiter üben einen starken Selektionsdruck auf uns als biologische Organismen aus. Wir müssen uns biologisch weiterhin anpassen, auch wenn wir zum Teil selbst die Ursache dieser Veränderungen sind. Aber wir dürfen uns auch nicht einbilden, dass wir die einzige Ursache der Veränderungen sind. Auch die Natur wandelt sich. Die Sonne bewegt sich durch das All und kommt in neue kosmische Zonen hinein, und die Sonnenausstrahlung ist mal weniger stark, dann wieder stärker. Das Klima wandelt sich immer noch. Klimaschwankungen hat es ja schon immer gegeben. Vor tausend Jahren war Grönland eisfrei. Ein türkischer Admiral hat im Mittelalter genau die Küstenlinie kartiert, ehe es überhaupt Gletscher gab. Die Wikinger waren dort und haben nicht nur Kühe und Bauernhöfe hingebracht, sie haben es besiedelt und sogar Ackerbau betrieben.

Leif Erikson, der zog dann weiter nach Labrador. Damals wuchs der nordamerikanische Wildwein bis dorthin, der jetzt ungefähr 1.000 Kilometer weiter südlich erst wächst. Sie haben es „Vinland", das Land des Weines genannt. Das ist nicht lange her, nur tausend Jahre. Im dreizehnten, vierzehnten Jahrhundert kam es dann zu diesem Temperatursturz, sodass es hier in Europa zu Getreide-Missernten durch Pilzbefall kam. Hungersnöte folgten, die Immunsituation der Bevölkerung verschlechterte sich, so dass es zu Seuchen und Pestzügen kam. Da kam auch das Antoniusfeuer ins Spiel, weil der Roggen von diesem Mutterkorn-Pilz schwarz wurde. Das bewirkt, dass die Durchblutung der kleinen Kapillaren gestört wird, Fingerspitzen und Zehen sterben ab. Man nennt diese Zeit die „kleine Eiszeit". Dann gab es wieder Temperaturschwankungen, und jetzt erleben wir wieder eine Erwärmung hin zum optimalen Klima, was den Pflanzen eigentlich guttut. Wir können vielleicht erwarten, dass es dann auch in der Sahara mehr regnet und die Wüsten grüner werden. Das sind alles natürliche Zyklen, und das wird auch nicht aufhören. Und unsere Anpassung ist nicht nur eine kulturelle, die wird auch physisch weitergehen. Es werden anders geartete Menschen erscheinen.

Entwickelt sich das Bewusstsein in Stufen?
Entwickelt sich Spiritualität dementsprechend?

Das Bewusstsein ist ja immer verbunden mit dem, was geschieht, so entwickelt es sich dann auch.

Spiritualität, das ist auch so ein westlicher Begriff. Da scheint es, als ob es etwas Abgesondertes vom Leben, von der Schöpfung wäre. Und, ja, auch sie wird sich verändern. Es gibt ja so viele Theorien, aber im Ursprung, im Goldenen Zeitalter, waren Wahrheit und Göttlichkeit.

Am Anfang, da gab es viel Spiritualität. Und was wir dann erlebt haben, ist eine Minderung der Spiritualität. Andere wiederum sagen, dass sich unser Hirn und unsere Nerven weiterentwickelt haben, und daher die Spiritualität zunimmt. Aber vielleicht ist die Spiritualität auch etwas, das wir nicht in der Hand haben, sondern an dem wir teilhaben, das die ganze Natur, die ganze Schöpfung durchwirkt. Wir können uns ihr öffnen oder verschließen.

Was würdest du dir an Entwicklung für die Menschheit wünschen? Was sollte deiner Vorstellung nach „common sense" werden?

Zuallererst, *common sense*, der „gesunde Menschenverstand" ist ein kulturgebundener Begriff, der sich in der bürgerlich demokratischen Revolution des 18. Jahrhunderts als Waffe gegen das Elitewissen der Aristokratie und der Staatskirche entwickelte. Trotzdem würde ich mir erst einmal wünschen, dass die Menschheit wieder realisiert, dass die Welt göttlich und heilig und dass sie gut ist. Bei vielen Naturvölkern gilt die Schöpfung als perfekt. Die Menschen haben aber Angst, die eigentlich nicht da sein sollte, und sind gierig, weil sie denken, ihnen fehle etwas. Also manipulieren, kontrollieren und zwingen sie die Natur. Die Vision der ursprünglichen Göttlichkeit, die immer noch überall da ist, diese Vision sollen die Menschen wiedererlangen. Ihre Illusionen des Verlorenseins, des Nichtshabens sollen sie einfach fallen lassen. In Kalkutta habe ich es sehr oft erlebt: Flüchtlinge, die aus Bangladesch vertrieben wurden. Da sind über zehn Millionen Flüchtlinge durch Kalkutta gegangen, ganze Familien lebten an den Straßenrändern. Einige haben dann vielleicht Papier gesammelt, andere gebettelt, andere haben musiziert, andere haben Gelegenheitsarbeiten verrichtet. Am Abend hatte die Familie nur eine Handvoll Reis und vielleicht ein bisschen Gemüse, aber sie war dankbar, ja! Gott oder Devi, die Göttin, versorgt uns, Kalima, Mutter Kali, versorgt uns, wir danken ihr. Wenn man in ihre Augen sah, die leuchteten, die Götter waren mit ihnen. Es gab keine Verzweiflung. Sie wissen, dass sich alles im Laufe der Zeit ändert. Jetzt ist es so, irgendwann ist es wieder anders. Man wundert sich, aber es gab kaum Verzweiflung. Die Leute konnten lachen. Sie genossen das Leben. Es war hart, aber sie waren dankbar. Als ich dann nach Amerika zurückkam – diese Verzweiflung und Verbitterung in den Slums. Oder in den Wohlstandsländern – diese toten Augen. Sie wussten nicht mehr, dass uns das Göttliche, das Sein, nie wirklich fallen lässt, dass Geburt und Tod natürliche Prozesse sind. Warum sollte man Angst vor dem Tod haben? Wir müssen immer im Augenblick sehen, dass das Göttliche gegenwärtig ist. Das ist sehr schwer, aber das, das wäre mein Wunsch, dass die Menschen wieder glücklich werden und dass dieses Kali-Yuga endet und wieder ein Satya-Yuga, ein Goldenes Zeitalter, im Rad der Zeit eintritt. Eigentlich habe ich überhaupt keinen Wunsch. Ich nehme es, wie es kommt. Ich habe überhaupt keine Wünsche.

Wir können eigentlich den steinzeitlichen Jägern dankbar sein, dass sie es unter bestimmt schwierigeren Bedingungen geschafft haben zu überleben. Somit haben sie mein Leben heute überhaupt erst möglich gemacht.

Ja, das sind unsere Vorfahren. Viele sagen, dass es damals schwieriger war als heute. Aber sie waren geborgen, und ich denke, das Leben war einfacher. Es war nicht so kompliziert. Ich habe den Eindruck, dass das Leben heute schwieriger ist. Die Kinder können nicht mehr frei spielen.

Bei den Naturvölkern, da spielen die Kinder, was für ein Spaß das ist, ein ständiges Lachen. Und irgendwie gibt es immer was Lustiges, Aufregendes. Heutzutage haben wir diese Mythologie der darbenden Urmenschen, dass sie primitiv und immer hungrig waren und dass wir als zivilisierte Menschen mehr Sicherheiten haben. Das ist auch wieder die Fortschrittsideologie, die ich nicht annehmen kann. Die lässt sich ethnologisch nicht bestätigen. Weltkriege, vergiftete Nahrungsmittel, verpestete Luft und Maschinenunfälle, Autounfälle und was nicht alles – das hatten die Urmenschen alles nicht. Auch keine Stacheldrahtzäune, Steuern, Schulzwang, Impfzwang und keine Gesetze und keine Gesetzeshüter, die dies oder jenes verlangen. Natürlich gab es einen Verhaltenskodex, das ist klar. Aber diese ganzen Zwänge, in der sich der moderne Mensch befindet, bis hin zum Leinenzwang für den Hund, das kannte man früher nicht. Es gibt einen Wandel, aber einen Fortschritt gibt es für mich nicht. Vielleicht gibt es einen persönlichen, individuellen Fortschritt. Fortschritt bedeutet aber nicht, immer reicher und wohlhabender zu werden, sondern immer mehr zur Gottesnähe zu kommen, also das Göttliche zu realisieren.

Schlussbemerkung

Dass alles in Bewegung ist, dass überlieferte Einrichtungen – Familie, Rollenverhalten, Berufe und vieles andere – einem immer schneller werdenden Wandel unterworfen sind, sich auflösen und auf unvorhersehbare Weise neu formieren, ist offensichtlich. Sogar das Klima scheint sich in einer Phase der rapiden Veränderungen zu befinden. Wir befinden uns in einem diabolischen Zeitalter, im Sinne von der altgriechischen Wurzel *diabállein,* „auseinanderwerfen". Aber auch das wussten die Alten: Zwischen den Zeiten der Ordnung, gibt es Phasen des Chaos. Brahma schafft das Universum, Vishnu erhält es, aber schließlich tanzt Shiva, den Tandava-Tanz der Zerstörung. Oder wie es der Bauernphilosoph Arthur Hermes formulierte: Um eine neue Saat zu empfangen, muss das Feld gepflügt werden; das Pflügen stürzt jedoch die Ackerkräutergemeinschaft, die Würmer, Insekten, Kleinlebewesen ins Chaos.

Wohin die Reise geht, wissen wir nicht. Die Evolution, auch die der Menschen, hört nicht auf. Oft sehen wir nur den Wandel und versuchen ihn – nun mit globalen Institutionen – in den Griff zu kriegen, ihn zu steuern. Vollkommene Überwachung der Gesellschaft und Natur, Beherrschung des Klimas, Geo-Engineering auf Basis von Computersimulationen und immer komplizierteren Maschinen. Ist die Reichweite unseres, vom beschränkten Verstand gesteuerten Blicks wirklich weit genug? Oder ist es Wahn, Vermessenheit, Hybris? Einst wussten wir, dass trotz Phasen des überstürzenden Wandels alles großen Rhythmen folgt. Die Sonne selbst durchwandert die Himmelsfelder in einem Kreis von knapp 26.000 Jahren – das sogenannte platonische Jahr.

Den Sternenhimmel, unsere steinzeitlichen Vorfahren schauten ihn schon. Meere, Flüsse, Berge, Wälder, der Wandel der Jahreszeiten: Mögen sie uns erinnern an unsere Wurzeln. Sie haben uns auf unserem langen Weg begleitet, haben uns getragen, genährt und zu dem gemacht, was wir sind. Sie werden uns weiter tragen.